朝日選書
1033

徳川家康と今川氏真

黒田基樹

朝日新聞出版

徳川家康と今川氏真●目次

図版／谷口正孝

徳川家康と今川氏真

黒田基樹

はじめに

徳川家康（一五四二～一六一六）の生涯は七五年におよんでいる。同時代を生きた戦国大名のなかでも、最も長命であった一人といってよい。その家康が、同じ戦国大名という立場にあった者として、最も長い時期を通じて付き合いのあった者は誰と思われるであろうか。それは今川氏真《うじざね》（一五三八～一六一四）であった。これは意外なことではなかろうか。多くの人は、織田信長や、羽柴《はしば》（豊臣）秀吉などを想うのではなかろうか。しかし実際には、それは今川氏真であった。その交流は何と、氏真が死去するまで、およそ六〇年以上におよんだのである。

そもそも家康の生涯のなかで、今川家との関わりが深かったのは、少年期から青年期にかけてだけのことではなかったか、と思われるかもしれない。家康は八歳か九歳の天文《てんぶん》十八年（一五四九）か同十九年に今川家の本拠・駿府《すんぷ》（静岡市）に居住するようになるが、それから一〇、一年後の永禄《えいろく》三年（一五六〇）に、本拠の三河《みかわ》岡崎城（岡崎市）に帰還し、翌年に今川家に敵対する。家康が今川家の庇護下にあったのは、わずか一〇年ほどでしかなかった。

しかしそれからの一〇年近く、家康は今川氏真との抗争に明け暮れている。永禄十二年に氏真は、家康とそれと連携した武田信玄《たけだしんげん》の侵攻をうけて、領国を失い、戦国大名としては事実上、没落するが、その際に家康と氏真は、和睦を結んでいて、そこで今後は互いに入魂《じっこん》にすることを誓約しあっている。その後の氏真は、妻・早川殿《はやかわどの》の実家の相模北条《さがみほうじょう》家の庇護をうけるが、それから四年後の天正《てんしょう》元年（一五七三）に、北条家のもとを離れて、家康を頼ってくるのである。

家康と氏真が敵対的関係、あるいは離ればなれの状態にあったのは、永禄四年から天正元年までの一三年にすぎない。しかしその期間も、家康と氏真は政治的に向き合う関係にあったから、決して無関係の存在になったのではなかった。そして天正元年からは、家康と氏真は、かつての主従の立場は入れ替わったものの、再び身近な距離での交流を展開していくようになっている。

そうしたなかで特に注目されるのは、天正七年に家康の三男秀忠《ひでただ》が誕生すると、その女性家老（「上臈《じょうろう》」）にして後見役に、氏真の妹・貞春尼《ていしゅんに》（武田義信《よしのぶ》後室）が任じられたことである。この事実はこれまで知られておらず、本書で初めて指摘するものになる。貞春尼はいわば、秀忠の養育を担ったのである。この事実を聞いて驚かない人はいないのではなかろうか。私自身、この事実を知ったときには驚くとともに、とても興奮した。

貞春尼が秀忠の女性家老であったのは、貞春尼が死去する慶長《けいちょう》十七年（一六一二）まで続いていた。その時には、家康は「天下人」の地位を確立していたし、秀忠は二代江戸幕府将軍にして徳川家当主の立場になっていた。その時まで、貞春尼は秀忠の後見役を務め続けた。誕生から養育にあたっていたことから、いわば彼女こそが秀忠の「育ての親」であったのである。そしてそれは、今川家の人物であった。

家康の今川家への認識は、江戸幕府が確立したのち、江戸時代成立の史料などから、否定的とみられてきた。家康が少年期に駿府に居住していた時、今川家から酷《ひど》い仕打ちをうけたかのような言説は、その代表である。そのため以後の家康の生涯において、今川家との関わりはなかったかのように認識されている。しかし事実は異なっていた。今川氏真は、天正元年から家康の身近に存在していたし、貞春尼は嫡男秀忠の「育ての親」であった。むしろ家康は、今川家と親密な関係を維持し続けていたのであった。

そうすると家康と氏真の関係については、これまでの認識を大きくあらためなければならないであろう。また家康の生涯において、氏真と貞春尼のきょうだいがどのような役割を担ったのかについて、注目していくことが必要になってこよう。

本書ではそうした観点から、徳川家康と今川氏真の二人の戦国大名の生涯について、両者の関わりを中心に、検討していこうと思う。家康の生涯において、いかに今川家の影響が強かったか、またいかに今川家の存在を尊重していたのかが、見えてくることであろう。そしてこのことが、家康の生涯を理解していくうえで、とても重要であることを認識いただけるようになるであろう。

なお本文中において、以下の史料集については、略号で示した。

『戦国遺文　今川氏編』所収史料番号　戦今～

『戦国遺文　後北条氏編』所収文書番号　戦北～

「小田原北条氏文書補遺・同（二）」（『小田原市郷土文化館研究報告』四二号・五〇号）所収文書番号　北条補遺～

『戦国遺文　武田氏編』所収文書番号　戦武～

「『戦国遺文武田氏編』補遺」（『武田氏研究』四五号・五〇号）所収文書番号　戦武補遺～

『愛知県史　資料編11』所収史料番号　愛11～

『静岡県史　資料編7』所収史料番号　静7～

『静岡県史　資料編8』所収史料番号　静8～

『上越市史　別編I』所収文書番号　上I～

『新訂　徳川家康文書の研究　上巻』所収史料頁数　家康上～

徳川家康像。東京大学史料編纂所所蔵

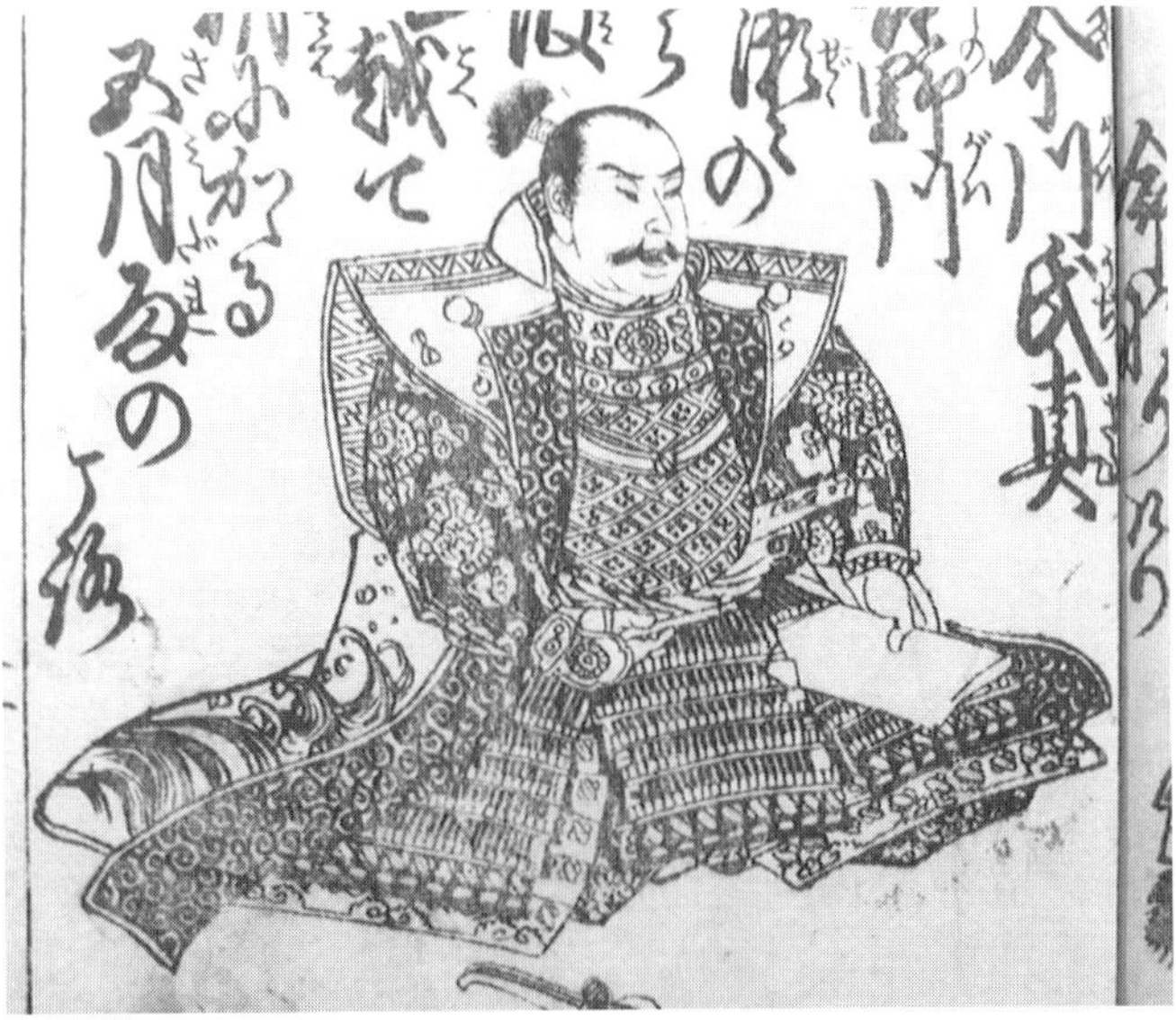

今川氏真像。国文学研究資料館所蔵

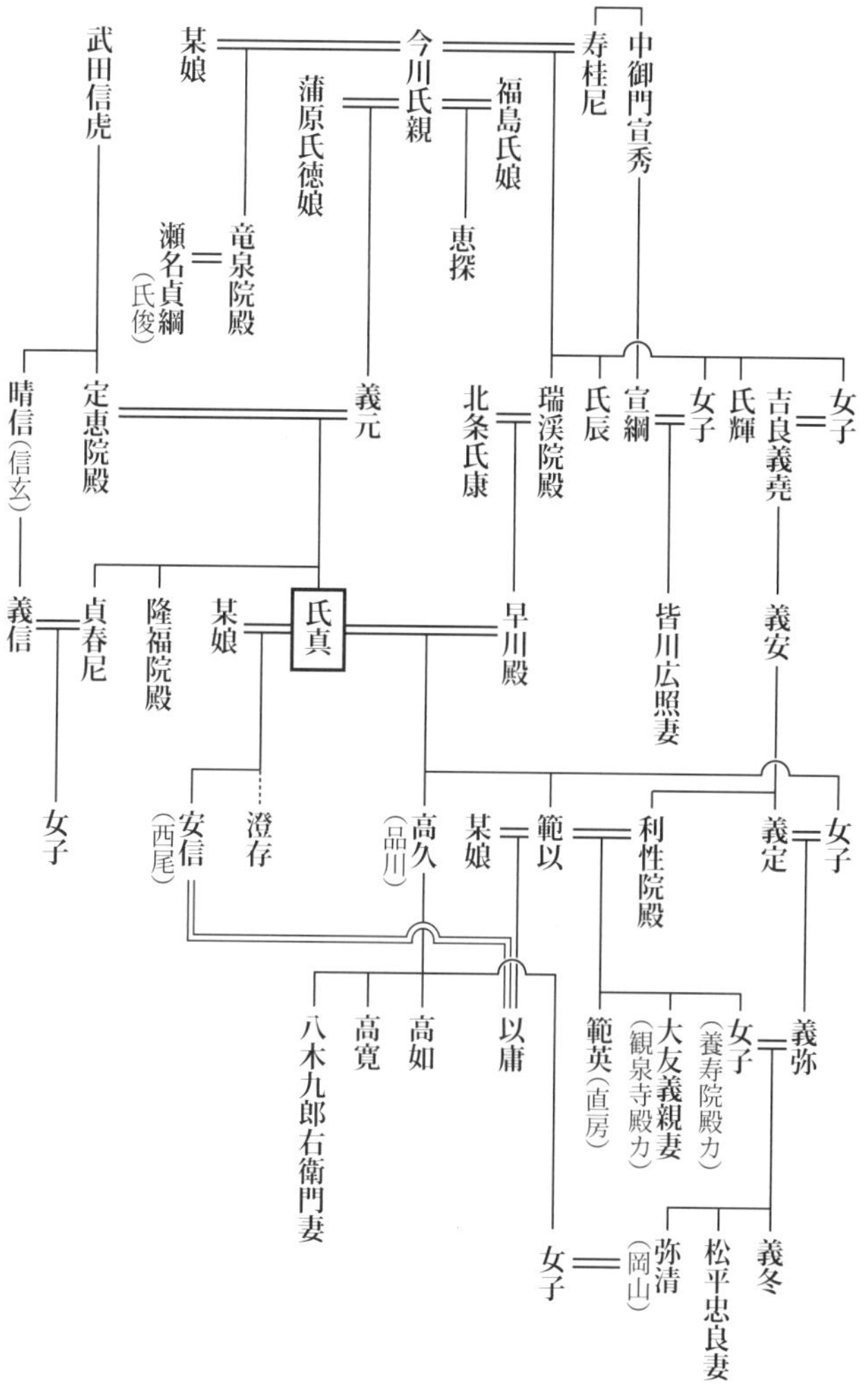
中御門宣秀
寿桂尼
今川氏親
某娘
武田信虎
福島氏娘
蒲原氏徳娘
恵探
竜泉院殿
瀬名貞綱（氏俊）
女子
吉良義堯
氏輝
女子
宣綱
氏辰
瑞渓院殿
北条氏康
義元
定恵院殿
晴信（信玄）
義安
皆川広照妻
早川殿
氏真
某娘
隆福院殿
貞春尼
義信
女子
義定
利性院殿
範以
某娘
高久（品川）
澄存
安信（西尾）
女子
義弥
女子（養寿院殿カ）
大友義親妻（観泉寺殿カ）
範英（直房）
以庸
高如
高寛
八木九郎右衛門妻
義冬
松平忠良妻
弥清（岡山）
女子

今川氏真関係系図

第一章

氏真の立場、家康の立場

今川氏真の誕生ときょうだい

今川氏真は、天文《てんぶん》七年（一五三八）に、駿河《するが》・遠江《とおとうみ》の戦国大名・今川義元《よしもと》（一五一九〜六〇）の長男として生まれた。母は、甲斐《かい》武田《たけだ》信虎《のぶとら》（一四九八〜一五七四）の長女・定恵院殿《じょうけいいんでん》（一五一九〜五〇）である。義元と定恵院殿は同い年で、両者が二〇歳の時の生まれになる。両者が結婚したのは、その前年のことであったから、定恵院殿は、結婚後すぐに妊娠し、出産したことになる。ちなみに氏真のきょうだいには、同じ定恵院殿から生まれた二人の妹があったにすぎない。

なお江戸時代成立の系図史料などでは、弟として「長得《ちょうとく》」をあげているものもある。氏真の一族に長得が存在したことは確かのようで、臨済宗の僧侶で、法名《ほうみょう》を一月《いちげつ》長得禅師といい、万《ばん》昌院《しょういん》（中野区）に所在する今川氏石塔群のなかに、その石塔があり、寛永《かんえい》二年（一六二五）八月三日に死去している。そして寺伝で、義元の子で、同寺の開基《かいき》と伝えられている（観泉寺史編纂刊行院会編『今川氏と観泉寺』一二頁）。しかし長得を義元の子とする良質史料は他にみられていないので、何らかの誤伝の可能性もあるとみなされる。したがって現時点では、氏真のきょうだいは、妹二人だけとみておきたい。

　妹二人の生年についてはともに判明していない。妹の一人は、のちに甲斐武田義信《よしのぶ》（一五三八～六七）の妻になった嶺寒院殿《れいかんいんでん》（あるいは嶺松院殿《れいしょういんでん》、貞春尼《ていしゅんに》）である。彼女については、氏真のその後の人生、さらには徳川家康の人生にも深く関わっていくので、その都度、触れることになる。もう一人の妹は、母定恵院殿が死去する数日前の天文十九年閏《うるう》五月二十六日に死去している。法名は隆福院殿月汀宗真大禅定尼（「武田御位牌帳」『山梨県史資料編6下』九一〇頁）。「大禅定尼」とあるので、すでに裳着《もぎ》を済ませ成人していたことがわかり、一二、三歳以上であったとみられ、その生年は、天文七、八年頃と推定される。そうであれば氏真のすぐ下のきょうだいとみなされる。ここでは二歳下とみて、天文九年頃の生まれと推定しておきたい。そうすると貞春尼は、次女であった可能性が高い。ここでは隆福院殿の誕生からさらに二年後の生まれとみて、天文十一年くらいの生まれと推定しておくことにしたい。これまで私は、この貞春尼を義元の長女とみてきたが、実際には次女であったとみるのが妥当のようである。

氏真は、幼名《ようみよう》を竜王丸《たつおうまる》といった（戦今六二〇・大石泰史「今川氏真の幼名と仮名」）。この幼名は、祖父氏親《うじちか》・伯父氏輝《うじてる》も称した、今川家当主歴代のものになる。父義元は庶子であったため、異なる幼名（方菊丸《ほうぎくまる》とされる）を称していた。氏真が竜王丸の幼名を称したことは、誕生にともなって、今川家の嫡男に位置付けられたことを意味している。それは長男であっただけでなく、同時に正妻・定恵院殿からの生まれであったことによる。

今川家に関する新事実

ここで本題からは少し外れるが、今川家に関する新事実を紹介しておくことにしたい。今川家に関する研究は、基礎的事実関係の解明という領域においても、まだまだ不十分なところが多い。近時、新たな史料の確認によって、これまで判明していなかった事実が明らかになっている。ここでその一端を紹介しておきたい。

一つは、氏親四男の彦五郎の実名《じつみよう》である。彦五郎は、義元よりも年少と推定されるが（永《えい》正《しよう》十七年頃の生まれか）、母が氏親正妻の寿桂尼《じゆけいに》（一四八六か〜一五六八）であったため、兄二人（恵《え》探《たん》・義元）を差し置いて、嫡兄氏輝に次ぐ政治的地位を与えられた（拙著『今川のおんな家長　寿桂尼』）。しかし天文五年三月十七日、兄で当主であった氏輝と同日に死去した。これにより今川家では、義元と恵探とによる家督をめぐる「花蔵《はなぐら》の乱」が起きることになる。彦五郎に関する当時の史料は、死去した際のものしかなく、発給文書も残されていないため、実名は全く不明であった。ところが「今川家瀬名《せな》家記七」所収「瀬名氏系図」（大阪府立中之島図書館所蔵）に、実名について記載があったのである。氏親の子どもについての記載部分を次ページに掲げておく。

同史料は、江戸時代の江戸幕府高家・今川家と旗本・瀬名家の系図・由緒書《ゆいしょがき》を集成したもので、当該の「瀬名氏系図」の書写時期は新しいが、内容は今川家系図として古態《こたい》をとどめていると判断される。氏親の子どもとしても、四男三女しか挙げられていない。そのなかで彦五郎について、「氏辰」と記している。読みはおそらく「うじとき」であろう。そもそも彦五郎を載せる系図史料が少ないなかで、このように実名が記されていることからすると、何らか確かな典拠をもとにしたものと判断され、事実とみてよいと考えられる。これにより彦五郎の実名は、「氏辰」であった可能性が高い、とみなされる。

もう一つは、義元の実母の出自である。この系図を含めて、現存の今川家系図では、義元の母は寿桂尼とされている。しかしそれは養子縁組の結果とみなされ、他のきょうだいの出生状況から、義元は庶出と推測された（拙著『北条氏康の妻　瑞渓院《ずいけいいん》』）。これは状況からの推定であったが、そうしたところに義元を庶出と記す史料が確認された。それは江戸幕府旗本・神原《かんばら》家に伝来された系図史料「神原系譜」である。神原氏（蒲原《かんばら》氏）は遠江今川氏の庶流家で、蒲原

氏輝　五郎・上総介
母大納言宣胤女
天文五年三月十七日卒、廿四才、
号臨斉〔用〕寺殿月山

義元　号天沢寺殿秀峯
治部太夫、母同上、
永禄三年五月十九日討死、

女子　北条氏康室

花倉　為義元被討取、

女子　中御門従二位右中将宣綱室

氏辰　彦五郎、早世、

女子　今川左衛門佐氏俊室

氏徳《うじのり》（五郎・左馬助《さまのすけ》・宮内少輔《くないのしょう》、一五一二～六〇、同系図記載による）の娘について、

　女子　今川上総介氏親ノ妾、義元之実母也、氏親ノ本妻者今川氏輝之母也、此《この》腹ニ外ニ子ナシ、

と記されている。

　江戸時代に義元を庶出とする所伝は、一般にはみられていない。そうしたなかで義元を庶子とし、その実母を記載しているのは、その所伝の確かさを示している。しかも寿桂尼をわざわざ氏親の「本妻」と記し、嫡男氏輝の生母であること、さらに蒲原氏娘には、義元以外に子はなかったことまで記されており、それらの情報の確かさをうかがわせる。なおこのことから、義元と同様に庶出と推定した瀬名貞《さだ》

綱《つな》（氏俊）妻の母について、義元母とは別人と推定したが、それについても妥当であったことになる。

義元を庶出と推定した際、家老・福島《くしま》氏の娘所生《しょせい》の恵探に対し、義元の政治的地位はそれより上位にあったから、その母は福島氏以上の家格にあることを想定した。蒲原氏は今川氏庶流であるから、その嫡流家は今川家御一家衆に列していたとみなされる。したがって義元の母の出自が御一家衆であれば、恵探よりも上位に位置したこととも整合する。

ただし御一家衆としての蒲原氏嫡流家の存在については、残念ながら当時の史料ではいまだ確認されないようである。庶子家として、蒲原右衛門尉《えもんのじょう》元賢・蒲原右近などがみられているにすぎない。今後さらに史料発掘がすすむことを期待したい。ともあれ同史料によって、義元が庶出であることを示す史料典拠が出現したことで、義元が庶出であった可能性は、限り無く高まったとみることができる。

このように今川家に関する基礎的事実については、まだまだ新たな事実が発見されている。今後の今川家研究の進展が楽しみである。

徳川家康の誕生から駿府行き

一方の徳川家康は、天文十一年（一五四二）十二月二十六日に、三河《みかわ》岡崎領の国衆《くにしゅう》・松平広《まつだいらひろ》

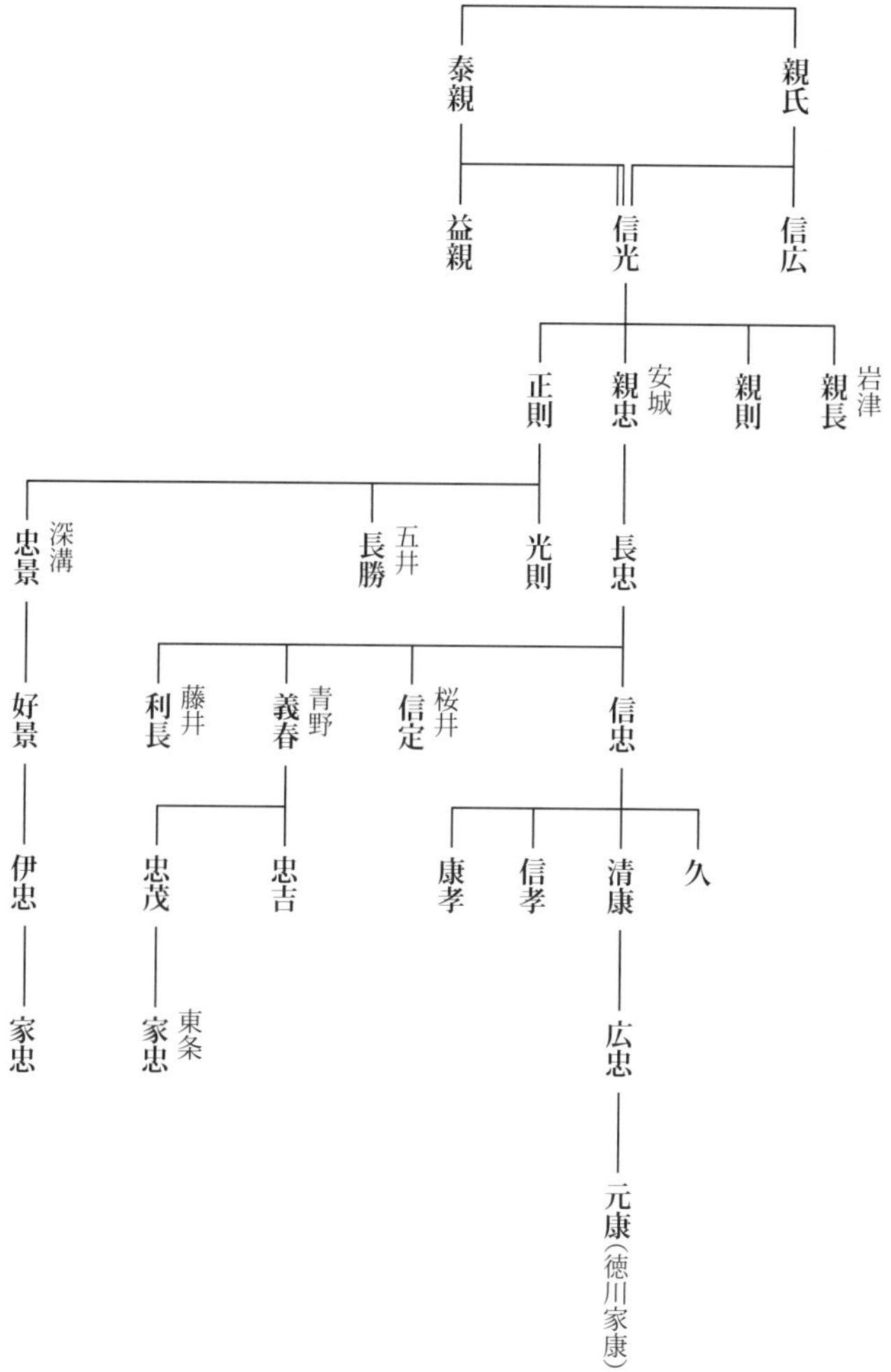

松平家略系図。柴裕之『青年家康』をもとに作成

忠《ただ》（一五二六～四九）の長男として生まれた。ただし近年、家康の生年については翌年の同十二年である可能性も指摘されるようになっているが、ここでは通説に従っておく。氏真よりも四歳の年少になる。母は、広忠の正妻で、尾張緒川《おわりおがわ》領の国衆・水野《みずの》妙茂《ただもと》の娘・お大《だい》（伝通院殿《でんつういんでん》、一五二八～一六〇二）であった。広忠は一七歳、お大は一五歳であった。幼名は竹千代《たけちよ》を称した。ところが翌年、水野家で代替わりがあり、それにともなって水野家は尾張織田家に従ったため、お大は離縁となったという。これにより家康は、早くも実母と離別することになっている。

広忠は天文十五年に、今川家と織田家の双方から攻撃をうけた。この時点で今川家と織田家は、岡崎松平家・田原戸田家との対抗にあたり協調関係にあった。同十六年に今川家は戸田家の拠点・今橋城（のち吉田城、豊橋市）を攻略、織田家は松平家の拠点・安城《あんじょう》城を攻略した。続けて九月には、岡崎城を攻略し、広忠を降参させたとみなされる状態になった（『愛知県史資料編14』補一七八号）。ただし広忠が実際に織田家に従属したのかは、判明していない。その九月には、広忠は今川家に従属して（大石泰史編『今川氏年表』）、今川家から援軍を獲得し、広忠は隠居して竹千代（家康）が当主になった（小林輝久彦「『駿遠軍中衆矢文写』についての一考察」）、という見解も出されている。また岡崎城の帰属状況についても明確でなく、同十七年三月の時点でいまだ織田方にあった可能性も想定される（戦今八六五～六）。しかしいずれにしても、この時から三河領有をめぐって今川家と織田家の抗争が開始され、そこにおいて広忠は、今川家

三河・尾張国勢力図。柴裕之『青年家康』をもとに一部改変

に従属する立場をとった。

　同十七年三月の、岡崎城付近での小豆坂《あずきざか》合戦で、今川方は織田方に勝利し、これにより広忠・今川家は岡崎城周辺地域を確保したことであろう。しかし広忠は、同十八年三月に死去してしまった。これにより竹千代は、わずか八歳で父親を亡くし、それにともなって岡崎松平家の当主になった。なお先に触れたように、竹千代はそれ以前に当主になっていたとする見解もあるが、少なくともこれにより岡崎松平家の家長になったことは間違いない。同年九月、今川家は三河に進軍するが、その際に「去る比《ころ》」に竹千代に援軍していたことが知られ（戦今九〇七）、その時点で竹千代が岡崎城に在城していたことが認識される。そして同年十一月には、今川家は織田方になっていた安城城を攻略した。これにより松平家の岡崎領は、今川家の支援によりほぼ回復をみることになった。

　さてこのような経緯をみると、通説で伝えられる、竹千代が織田家に人質に送られていたという状況が成立する余地はなくなってしまう。通説では、安城城攻略にともなって、人質交換によって織田家から今川家に送られた、とされていた。しかしその二ヶ月前の九月の時点で、竹千代は岡崎城にあったので、今川方として存在していたとしか考えられない。このため、竹千代が織田家に人質に送られていたとすること自体に、疑問が出されるのである。しかもその件は、『三河物語』（家康家臣・大久保彦左衛門忠教《ただたか》〈一五六〇～一六三九〉の著作、『原本三河物語研究・釈文篇』）など、後世に成立した徳川関係の史料にしか記されていないもので、『信長公記《しんちょうこうき》』などの織田関係の良質な史料にはみえていないのである。実際はどうであったのか、今後の検討による解決がまたれる。

父広忠の死去により、竹千代は岡崎松平家当主の地位を確立した。今川家による安城城攻略により、領国の岡崎領も回復された。しかしこの時、竹千代はわずか八歳にすぎず、領国統治や織田方との抗争で軍事行動することは無理であった。そのため竹千代は、今川家の保護下に置かれて、今川家の本拠・駿府《すんぷ》（静岡市）に送られることになった。その時期について、『武徳編年集成』（元文《げんぶん》五年〈一七四〇〉成立、名著出版影印刊本）は天文十八年十一月二十二日のこととしている。安城城攻略直後のことになる。ただし「駿府記」慶長《けいちょう》十七年（一六一二）十一月十九日条（『史籍雑纂第二』二三八頁）に、九歳の時（天文十九年）、「又右衛門」という人物に五〇〇貫文で売られて、駿府に行った、とする家康の談話がある。

これによれば駿府行きは、同十九年のことであったことになる。竹千代の駿府居住後、岡崎領の統治は今川家が担うが、それは同十九年六月から確認されている（戦今九五二）。残存史料の都合にもよるが、ちょうど時期が合致しているから、あるいは竹千代の駿府行きは、同十九年であった可能性もある。またその談話では、売り渡されて駿府に行った、とある。この売り渡しの実態は判明しないが、家康がそう認識するような事態があったのであろう。あるいは面白おかしくするために、幾分話を盛ったものかもしれない。しかしこれが、織田家に売られたという所伝のもとをなしたことであろう。

ともあれ竹千代（家康）は、八歳か九歳の時に、今川家の保護下に置かれて、本拠の岡崎城を離れて、今川家の本拠・駿府に移った。その駿府での生活は、こののちほぼ一〇年におよぶものとなる。そこでの竹千代の立場は、今川家に従属する国衆の岡崎松平家の当主というものであった。しかし年少のため、領国統治や家臣団統制を直接におこなうことはできないので、それらの政務は、在国の家老たちによっておこなわれた。

そのうえで今川義元が、当主代行として、松平家家臣団や寺社に対して所領安堵《あんど》など、上位の支配権を行使した。『三河物語』などでは、あたかも今川家に領国を没収されたかのように記しているが、それは全くの誤りである。それは今川家支配下の状況を過酷なものとして描こうとする作為としかいいようがない。戦国大名が、従属下にあった国衆の当主が不在、幼少などの場合に、その領国統治を代行する事例は、一般にみられている。今川家についても、遠江井伊谷《いいのや》領の井伊《いい》家について確認されている（拙著『井伊直虎の真実』）。したがってこの場合も、決して異例のことではなかった。

ちなみにこの時の立場を「人質」とするのも、同じく『三河物語』以来の言説である。しかし竹千代は国衆家の当主であったから、当時の観念では「人質」ではない。ただし『三河物語』が成立した一七世紀前半では、諸国の大名家の嫡男は「人質」として江戸幕府に出され、江戸（千代田区）に在府するようになっているので、そうしたことが竹千代の場合についても、「人質」と表現させたのかもしれない。

氏真の婚約と元服

氏真は、今川家の嫡男として成長していたが、一三歳の時の、天文十九年（一五五〇）閏五月二十六日に妹・隆福院殿が死去し、数日後の六月二日に母・定恵院殿が死去した。両者の死去は近接しているので、おそらくは流行感染症によるものであったと思われる。定恵院殿の死去により、今川家・武田家の婚姻関係は断絶してしまった。そのため両家は、新たな婚姻関係の形成を図るとともに、ともに和睦関係にあった相模《さがみ》北条家を加えて、互いに婚姻関係を結んで強固な攻守軍事同盟、すなわち駿甲相《すんこうそう》三国同盟の形成を図った。

そして婚姻は、三大名家で互いに嫡男と嫡出長女を結婚させることになり、氏真と北条氏康（一五一五～七一）の四女・早川殿《はやかわどの》（蔵春院殿《ぞうしゅんいんでん》、一五四七か～一六一三）、武田義信と今川義元の次女・貞春尼、北条氏親（一五三七～五二）と武田晴信《はるのぶ》（のち信玄《しんげん》、一五二一～七三）の長女・黄梅院殿《おうばいいんでん》（一五四三～六九）の結婚が取り決められた。翌年の天文二十年七月二十六日に、婿側から嫁側にそれぞれ使者が派遣されて、婚約が成立した（拙著『武田信玄の妻、三条殿《さんじょうどの》』）。なお今川家から北条家への使者派遣については史料に残っていないが、まず間違いなかろう。

それぞれの結婚は、同二十一年におこなわれることも取り決められたと思われる。ただし氏真と結婚する早川殿は、まだ六歳にすぎなかったため、八歳になる同二十三年に延期されたと考えられる。その代替として、早川殿にとってすぐ上の兄の氏規《うじのり》（一五四五～一六〇〇）が駿府に送られたとみなされる（長谷川幸一「早川殿」黒田・浅倉直美編『北条氏康の子供たち』所収・浅倉直美「天文～永禄期の北条氏規について」）。また北条氏親と黄梅院殿の結婚も、同年に北条氏親が死去してしまったため、同二十二年正月から二月にかけて、あらためて氏康次男・氏政《うじまさ》（一五三九～九〇）と黄梅院殿の婚約が取り決められ、三月十七日に成立し、同二十三年におこなわれることが取り決められている。

氏真は婚約をうけて、天文二十年十二月十一日に、「御屋移り」している（静7二〇八五）。それまで居住していた屋敷から、新たに屋敷を建設してそこに移り、独り立ちしたのである。この時点で、氏真は一四歳であり、元服《げんぷく》していたのかは判明しない。元服後の初見は同二十二年二月七日であるから（戦今一一二五）、まだであった可能性が高い。その日、氏真は義元から長文の教訓状《きょうくんじょう》を与えられている。またその数日後の二十六日に、義元は分国法「今川仮名目録追加」二十一ヶ条を制定している（戦今一一三〇）。こうした状況からすると、氏真の元服は、その前年の年末かその年の正月のことであった可能性が高いと思われる。前年であれば氏真は

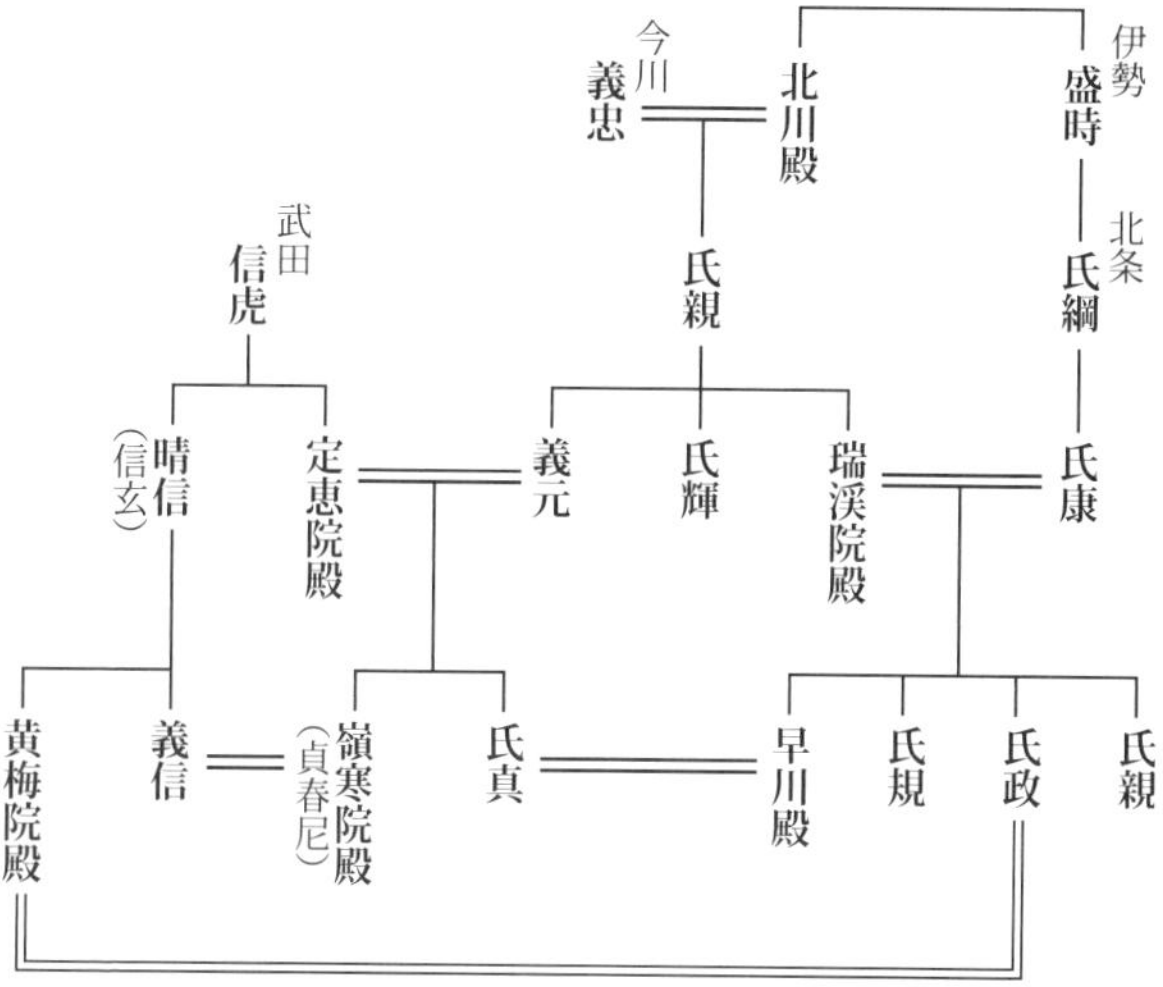

駿甲相三国同盟関係系図

一五歳、その年であれば一六歳のことになる。

いまだ元服時期は確定されないが、一五歳の時の天文二十一年末か、一六歳の時の同二十二年初めにおこなわれたと考えられる。元服にともなって、仮名は今川家当主歴代の「五郎」を称し（戦今一一二五・前掲大石論文）、実名は「氏真」を名乗った。「氏」字は、祖父氏親以来の通り字である。父義元は、家督継承時に室町幕府将軍・足《あし》利《かが》義晴《よしはる》から偏諱《へんき》（実名の一字）をうけているが、氏真の場合はそのようなことはしていない。義元が将軍家偏諱をうけたのは、庶出ながらも当主になるので、権威付けの必要があったためであろう。

義元から氏真への教訓状

ついでながら元服後の氏真の初見史料となる、天文二十二年二月七日付けで義元から与えられた教訓状（戦今一一二五）の内容について触れておきたい。もっとも同文書の史料的性格は難しい。写本しか伝来していないうえ、文面には誤字・誤写がある。しかも当時の史料にみられないようなことが記されているため、ただちには真正な内容とみなすことはできない。しかしその一方で、当事者でしか認識できないこともみられているので、全くの創作とも考えられない。同文書の内容については、これまでまともに検討されたこともない。今後、内容について十分に検討していく必要があると思う。ここではその先駆けとなるべく、内容を紹介することにしたい。ただし原文は長文なので、現代語訳で示すことにする（なお文意が通らない部分が多いため、適宜、意訳した）。

「御へむかかふせき」何とも考えがない。行く末に何になるつもりなのか。大方人は五、六歳から出家になるつもりか俗人になるつもりか推量するものである。一五、六歳になるまでいろいろな事に分別が付くかと見守っていたけれども、ますます考えのない遊びなどしているのが目に入るので、筆に任せて書き立てて遣《つか》わす。念入りに読みなさい。鶏を集め、子犬を引き回す事は、五、六歳の童《わらべ》が子犬に戯《たわむ》れるのは愛らしい。一五、六では無益である。それも犬・鶏好きであれば、いい犬・鶏二、三を嗜《たしな》むのであれば慰《なぐさ》みにもなるので、我慢できる。捨てられた子犬まで集めて、屋敷内での犬・鶏の声は耳も潰れるほどである。ある座敷には小鳥の多くが犬・鶏に「かへしにまひれ」、内外の区別無く雑居すれば、人々の役に立たないような技芸としては、明けても暮れても鳥を指図する外には何の手慣れた芸能の嗜みも見えない。漁師の家のように網を掛け置いているものである。行く末のどんな役に立つのか。去年であったろうか、条目でせめて夏中に稽古しなさいと言ったけれども、他にすべき事が多かったので、まだ続けていないということなので、大方は省略した。義元の気持ちは、多くの年月をかければ二、三は続けられる事もあると思い、合間をおかずに書き立てた。まだ続けていないというので、それはそうだろうと思ったので、五日も続かないのは誰かの意見で止めたのか。数日のうちで物の稽古が終わることはない。できていることが見当たらない。弓馬は男子の技芸である。器用も不器用も関係ない。稽古しなければならない事である。第一にこの「留条」好きではないとみえる。学文は第一の事である。文を左にし武を右にするというが、国を治めるには文武の道なくてはとてもできない。世を治め人を縛り数を剪《き》るだけでは国は治まらない。念入りに道理を分別して数を殺し、疎《おろそ》かにする者を流罪《るざい》にしても、分別して決着したならば、政道《せいどう》は有事である。芸能を朝夕に嗜み、国を治める事を心がけ、その間に狩猟を名目に遊山《ゆさん》をすべきである。そうでなくては国の在所《ざいしょ》を見る事もなくては差し障りはない。このところの状態では犬・鶏を指揮するだけで世を渡ろうとしている事は、よろしくない。何を言っても蛙《かえる》の面《つら》に水をかけるというようで、驚く事もないので、何とも「付さる乍事」、本の国の世間を考えるべきであろう。家老についてはいうまでもなく、民百姓にまで見限られ、即時に国が滅亡することは口惜しい。義元の成り立ちにおける年来の存分を大方書き付ける。これで分別すべきである。義元は幼少から出家になることになっていて善得寺の住持黙堂和尚《おしょう》の弟子になって、黙堂和尚に契約した。二〇年まで出家で過ごした。出家の時期、出家の務めなので、精一杯に学文の志は気を緩めることはなかったけれども、非儀の事であるので、今はその効果も無い。少しもとどまらないようであるけれども、志の覚悟は太原和尚のお考えの事で、出家である時は出家のおこないを守るのが務めである。それに進退を知らないのは徒者《いたずらもの》である。さて二〇年経って不慮に用山（今川氏輝）が御他界して、家督について直々に言いつけられ、自分は不慮の国の主である。義元の考えは、不器用では人にすぐに見限られてしまう。義元は武芸は叶わないが人の見所はあるのか、稽古の嗜みも晩学なので、魚が木に登るというが、何ともならなかったけれども、出家の時は学文が務め、武士では弓馬が務めと思って、ただ好きだけを捨てないと思って、国々の守護をみれば、できないまでも政道を思うだけで我《わ》が儘《まま》な振る舞い、無体な成敗をしてはいけない。譜《ふ》代相伝《だいそうでん》の者であっても、国の法度《はっと》に背いたら進退を捨て、成敗すべきと心に誓願した。今日まで国を守り、静謐《せいひつ》にしてきたことは本望である。只今の氏真の覚悟では、国を治める事はできない。何事も幼少からその道を志す事なので、行跡を嗜み、人に見落とされまいと思っても過ちがあるのに、木刀勝負の際に徒《かち》・裸足でおこなう体で、きちんとした供も連れずに駆け回って、軽々しい体は言うまでもない。当国については京・田舎の付き合いなので、何事について心がけがなくては恥辱を蒙《こうむ》ってしまう。自分を着飾ることなくして自分を「はの」する手段なく、無器用の名がたって、人の口に乗ってしまうほどの恥はない。そうなると君子は模範を積み重ねず、勢威を持つこともないだろう。義元は不慮の進退であったので軽々しいという心持ちであった。そうであったので親類以下、散々に替え、慮外の有様が日に入っても、私一代の間はあれこれよくない事にはならないと思って、上下の分も無いほどであったけれども、覚悟していたことなので我慢した。氏真の代までこのようなことでは、主のいない国になってしまう。念を入れてこの考えと有るべき国の在り方、自分の行跡、増善寺（今川氏親）の時のようにすると思われて、年寄りの者の語ることを耳に入れる事が心に出てくるようになったら、念を入れてお聞きなさい。なおさら考えを繰り返して書き付けた。

ここで義元は、元服した氏真のおこないが、子どものようであることを見かねて、国主になる者としての覚悟を持つよう訓戒している。興味深いのは、義元が自身のことを、不慮に国主になった存在のため正統性に欠け、また僧侶から国主になったため武芸が十分ではなく、そのため国主として懸命に振る舞ってきたこと、にもかかわらず自身の治世は不十分なものと認識していたことである。それだけに氏真に、国主に相応《ふさわ》しくなるよう修練することを求めている。それは自身を超える存在になって欲しいとの、親心ともみえる。

またここにみえる氏真のおこないについて、義元は評価していないが、子犬や鳥を愛でる動物好きで、心の優しさ、風流心の持ち主であったことをうかがわせる。それは氏真がこののち、和歌に執心していくことにつながるようでもある。氏真の人物像を探るうえで、貴重な内容と思われる。ここでは十分に検討する余裕はないが、この史料は、義元が自身をどのように認識していたのか、そして氏真をどのように認識していたのかを伝える興味深いものである。今後、さらに検討されていくことを期待したい。

今川貞春の結婚

駿甲相三国同盟にともなう婚姻関係のうち、最初におこなわれたのが、武田義信と貞春尼の結婚であった。天文二十一年（一五五二）十一月二十七日のことである。義信は一五歳で、貞春尼は一一歳くらいであったと推定される。ちなみに貞春尼の名は、義信死去後に出家してからのものになる。彼女は晩年に「今川テイ春」と呼ばれている（『言緒卿記《ときおきょうき》上』〈大日本古記録本刊本〉六〇頁）。これは女性が苗字を冠されて呼ばれているものとして、貴重な事例になっている。そのため本書では、彼女について「今川貞春」、あるいは貞春尼の名で記すことにしたい。

武田義信は、貞春尼と婚約したことをうけて、この年正月八日に具足召《ぐそくめ》し初《はじ》めをおこなって（「甲陽日記」『山梨県史資料編6上』所収）、武将として一人前になる準備をしている。そして四月二十七日に武田家の本拠・甲府躑躅ヶ崎館《つつじがさきやかた》に建設した、新築の西屋形に移居した。いうまでもなく結婚の準備である。そうして十一月二十七日に、いよいよ婚儀がおこなわれた。「甲陽日記」には前後の状況について、

十九日丁酉、御輿《おこし》の迎えに出府、当国衆駿河へ行く、
廿二日庚子《かのえね》、御新造様駿府を御出で、興津《おきつ》に御泊まり、
廿三日、うつぶさ、
廿四日、南部、
廿五日、下山、

廿六日、西郡《にしごおり》、
廿七日乙巳《きのとみ》、酉《とり》・戌《いぬ》の刻府中穴山宿へ御着、子《ね》・丑《うし》の刻御新造へ御移り、
廿八日冬至、三浦（氏員《うじかず》）出仕、御対面、
廿九日、高井・三浦方へ宿へ礼に遣わさる、
（十二月）癸丑《つちのとうし》（五日）、高井方を呼ぶ、
六日、三浦帰府、
十四日、高井帰府、

と記している。

婚儀にあたっては、十九日に武田家家臣が迎えのために駿府に向けて甲府を出立していた。貞春尼が駿府を出立したのは、二十二日であった。その日は駿河興津（静岡市）に宿泊、二十三日に内房（富士宮《ふじのみや》市）、二十四日に甲斐河内《かわち》領の南部（山梨県南部町）、二十五日に同下山（同身延町《みのぶちょう》）、二十六日に西郡と宿泊を重ねて、二十七日の酉・戌刻（午後七時前後）に甲府の穴山武田家の屋敷に到着し、子・丑刻（午前一時前後）に躑躅ヶ崎館の西屋形に入ったという。婚儀は真夜中におこなわれたのであった。貞春尼が直前に穴山武田家の屋敷に入っているのは、同家が今川家への取次《とりつぎ》担当であったことによる。

婚姻行列の様相については、甲斐の年代記である「勝山記《かつやまき》」（前掲山梨県史所収）に記されている。

> 此《こ》の年霜月廿七日に駿河（今川）義元の御息女様を、甲州の（武田）晴信様の御息武田太郎様御前になおしめされ候《そうろう》、去る程に甲州の一家・国人煌《きら》めき言説に及ばず候、武田殿人数には、さらに熨斗《のし》付け八百五十腰、義元様の人数には五十腰の御座候、輿《こし》は十二丁、長《なが》持《もち》廿かかり、女房衆の乗鞍馬百疋《ひき》御座候、両国よろこび大慶は後代に有る間《ま》敷《じ》く候、其《そ》の中にも小山田《おやまだ》弥三郎殿（信有）一国にて御勝れ候、

迎えにでた武田家の行列は、「サラ」（鞘《さや》か）に熨斗付けの拵《こしら》えをした太刀《たち》を帯びた八五〇人、同行する今川家の行列は、五〇人の武者、輿一二丁、長持二〇丁、貞春尼に付き添う女房衆の乗鞍馬は一〇〇疋というものであったという。この婚儀に、甲斐・駿河両国の喜びは後代には無いことだろうと評されている。また今川家からは、家老筆頭の三浦氏員や武田家への取次担当の高井兵庫助が同行してきていて、三浦は二十八日に信玄に出仕している。三浦は六日に、高井は十四日に帰還している。その間には、数度となく宴席が催されたことであろう。こうして義信と貞春尼は結婚した。

もっとも武田時代における貞春尼の動向は、ほとんど史料に残っていない。わずかに結婚から一〇年後になる永禄五年（一五六二）五月十九日に、甲府で父義元の三周忌法要を主催していることが知られるにすぎない（戦今二七二五）。そこで貞春尼は、「妙安信女」と記されている。「妙安」は、俗人段階で授けられていた法名と推定される。この事例は、他国に嫁いだ娘が、父の法要を主催している事実を示すものとして、貴重である。

貞春尼と義信とのあいだには、子どもは娘一人が生まれたことが知られている（「武田源氏一統系図」『山梨県史資料編6下』七二二頁など）。ただ生年は不明である。のちに貞春尼が駿河に帰国した際に、それにともなわれて駿河に移住したことが伝えられているだけで、その後の動向についてはまったくわかっていない。

氏真の結婚

貞春尼の結婚から二年後の天文二十三年（一五五四）七月になって、氏真と早川殿の結婚がおこなわれた。氏真は一七歳、早川殿は八歳くらいと推定される。婚儀の様子については、「勝山記」に記されている。「勝山記」は、武田家領国の者が記した記録であるから、武田家関係以外のことはあまり記されることはないが、ここではその婚儀の様子についての記述に、それなりの分量が費やされている。

駿河の屋形様（今川氏真）へ相州屋形様（北条氏康）の御息女（早川殿）を迎い御申し候、御供の人数の煌めき、色々の持ち道具、我々の器用ほど成され候、去るほどに見物、先代未聞に御座有る間敷く候、承け取り渡しは三島にて御座候、日の照り申し候事は言説に及ばず、余りの不思議さに書き付け申し候、

ここから、花嫁の受け渡しは、北条家領国と今川家領国の境目となる伊豆三島（三島市）でおこなわれたことが知られる。そこまでは北条家の家臣が送り、そこからは今川家の家臣によって移動したことがうかがわれる。北条家から付き従った家臣たちは、キラキラと煌めくように武具（持ち道具）を装っていたという。そしてそのために、沿道の見物人は「先代未聞」というほどに賑《にぎ》わいをみせたらしい。

こうした状況は、現在でいうところの一大パレードにあたったといえる。大名家の婚姻行列に供奉《ぐぶ》する家臣たちは、ここぞとばかりに飾り立てていたと思われる。さらに婚礼行列を、沿道の人々が見物していたことも知られる。それらはすなわち領民であり、行列はそうした領民へのアピールであったことがわかる。北条家と隣国の今川家の婚姻は、両国間の平和確立を示すものであった。領民はその婚礼行列をみることで、それを実感したに違いない。さらには大

名家の存在が、そうした領民の視線に、しっかりと入っていたこともわかる。大名家と領民は、決して交わりのない関係であったのではなく、大名家は領民の視線を気にしなければならない関係であったことがわかる。

そしてこの日は、ことのほか天気が良かったらしい。「勝山記」の筆者は、それが滅多にないことであったので、わざわざそれを書き留めているのであるが、それは、天がこの婚姻を祝福していると受けとめられたことを意味しているのであろう。滅多にないほどの天気のなかでの婚姻行列に、人々は、これからの今川家と北条家の繁栄を感じたのであろう。

この婚儀に関する史料としては他に、同年七月十六日付けで北条家が伊豆西浦（沼津市）の直轄領に在所する在村被官たちに宛てた朱印状《しゆいんじよう》（朱印を押捺して出した公文書）で、「駿州御祝言《ごしゆうげん》の御用（経費）」の現金六六七貫文（現在の六六七〇万円）と紙八駄《だ》を、西浦から今川家領国の駿河清水（静岡市）までの運送を命じているものがある（戦北四六七）。婚儀にともなって駿河に送られた物資はそれ以外にもあったに違いないが、ここでは現金と紙の輸送について命じるものとなっている。しかも現金は、婚礼にともなう費用にあたり、その額は現在の約六七〇〇万円にものぼっていたことは驚きである。大名家の婚儀には、それだけの巨額の費用がかかるものであったことが知られる。

なおこののちにおける、駿河での早川殿の動向について紹介しておきたい。とはいっても関係史料はわずか三点が存在しているにすぎない。一つは、『言継卿記《ときつぐきょうき》』弘治《こうじ》二年（一五五六）十一月二十三日条（静7二四二九）で、駿府に滞在していた公家《くげ》の山科《やましな》言継から薬を贈られていることである。「五郎殿（今川氏真）女中（早川殿）へヒイナハリコ以下一包〈数五十〉、金竜丹〈五黄〉、これを送る」と記されている。氏真に嫁いで二年後のことであり、まだ一〇歳くらいの時のことになる。

次に、それから一二年も経った永禄十一年（一五六八）十一月十一日付けで出している朱印状である（戦今二二九四）。これは駿河笹間《ささま》郷上河内村《ごうかみごうちむら》（島田市）に所在する峯叟院に、「竜雲寺殿」（寿桂尼）の朱印状の内容の通りに、寺領を安堵したものになる。笹間郷は、かつては寿桂尼の所領であったが、ここでは「れうしよ（料所）」とあるので、この時には早川殿の所領になっていたことがわかる。寿桂尼はこの年の三月二十四日に死去していたから、その所領を早川殿が継承していたことが知られる。

早川殿が、寿桂尼の所領すべてを継承したのかはわからないものの、そうした所領の継承という側面からみれば、かつての寿桂尼の立場を継承する立場になっていたとみることができる。寿桂尼はすでに、永禄元年頃に今川家の「家」妻の立場から引退し、駿府からも出て、沓谷《くつのや》の竜雲寺（静岡市）に隠遁《いんとん》するようになっていた。おそらくそれにともなって早川殿は、今川家の「家」妻になり、「御前様」として、寿桂尼に代わってその家政を取り仕切る立場になったと思われる。

また年代は明確ではないが、伊勢御師《いせおんし》亀田大夫から氏真家族への贈り物があったことを記した史料に（戦今二六五五）、「御前様」とみえていて、さらに続けて「御料人様」とあって、両者は「御二方」と表現されている。「御前様」は早川殿のことで、「御料人様」はその嫡女（のち吉良義定《きらよしさだ》妻）のことである。彼女の生年は明確ではないが、二〇歳頃に産んだとすれば、永禄九年頃の生まれと推測できる。そうであれば同文書の年代も同年から同十一年頃のあいだと推測される。

このように早川殿は、今川家の「家」妻として、また一女の母となって、今川家の家政において存在感を強めるようになっていたとみられる。今川家においては独自の所領を与えられていて、それに対しては独自の朱印を用いて、朱印状を発給していた。この在り方は、寿桂尼の場合と同様であった。朱印の印文については「幸菊《こうぎく》」と読まれている。現在は先の一通しか残されていないものの、実際には多くが出されていたに違いない。

今川と武田の亀裂の始まり

天文二十一年（一五五二）に武田義信と今川貞春、同二十三年七月に今川氏真と早川殿、そして同年十二月に北条氏政と黄梅院殿の結婚がおこなわれ、駿甲相三国同盟は完成した。これにより今川・武田・北条の三大名家は、政治的・軍事的にも一体の政治勢力として存在するようになる。それは周囲の政治勢力からだけでなく、朝廷・室町幕府からもそのように認識された。そのためこの政治勢力は、東国の政治動向を大きく規定するものとなった。そしてこの三国同盟は、永禄十一年（一五六八）十二月に、武田信玄が駿河に侵攻するまで、足かけ一五年におよんで継続される。

ところが今川家と武田家のあいだには、早くも弘治元年（一五五五）には軋《きし》みが生じるようになっている。それを示すのが、同年に比定されている七月十六日付けの武田晴信書状である（戦武補遺一五）。ただし同文書については、これまでは江戸時代作成の徴古《ちょうこ》史料である「雑録追加」収録のものが知られていたにすぎなかった。宛所《あてどころ》が欠落しているうえ、文面には誤字・誤写がみられ正確な内容を知りえなかった。ところが近時、原本が確認され、宛名が確認されるとともに、正確な文面が明らかになっている（『思文閣古書資料目録』二七五号）。まずは正確な翻刻をかかげ、そのうえで現代語訳をかかげる。

以自筆染密書候、抑義信者今川殿（義元）之為ニ者父子之契約ニ候、晴信者五郎殿（今川氏真）之為伯父ニ候、其上従長窪以来至于今度武節之義迄、数ヶ度顕懇切之筋目候へ共、如此等閑候者、いかさまにも果而駿之擬不隠便候間、今度井上帰国之砌、被致直談、此砌

従氏康越甲之国切無事之扱可然段、可被申渡候歟、如何不可過工夫候、爰元にてハ和睦之沙汰態一切停止候也、可有其意得候、為其以糢糊之書状申候、恐々謹言、

七月十六日　晴信（花押）

高白斎（駒井政頼）

（現代語訳）

自筆で密書を出す。そもそも義信は今川義元殿とは父子の契約にある。晴信は今川氏真殿には伯父にあたる。そのうえ長窪《ながくぼ》から以来、今度の武節《ぶせつ》のことに至るまで、何回も懇切の筋目を示してきたけれども、このように等閑にされては、本当に本当に駿（今川家）の行為は穏便ではないので、今度井上が帰国した際に直談されて、その時に北条氏康から越・甲の交戦について和睦するのが適切であると言われることであろう。どうあっても工夫するに過ぎることはない。こちらでは（長尾家との）和睦は故意に一切停止している。そのことを心得なさい。そのため糢糊の書状で伝える。

宛名の高白斎《こうはくさい》（駒井政頼《こまいまさより》）は、武田晴信の側近家臣で、今川家への取次を担当していた。そのためこの内容も、今川家との交渉に関わってのものと理解される。まず嫡男義信は今川義元と父子の契約にあり、晴信自身は今川氏真の「伯父」（正しくは叔父。伯父・叔父は区別されな

い）にあたることが示されている。義信と義元の父子の契約とは、すなわち義信が義元娘の貞春尼を妻にしていることにより、義理の親子であることを示している。晴信が氏真の叔父というのは、氏真の母・定恵院殿が晴信の姉であったことによる。

そしてその関係から、晴信は、天文十四年（一五四五）の駿河長窪陣への出陣以来、今回の三河武節（豊田市）攻めまで、何度も軍事支援してきたことを述べている。それに対して今回、今川家からは「等閑」の態度が示されたため、今川家の態度は穏便ではないと不信感をみせている。「等閑」の内容は明確ではないが、その直前に今川家への軍事支援が記されていることからすると、同じように今川家からの援軍派遣についてのことで、今川家から援軍派遣がないことを意味していると考えられる。

続いて井上が帰国することを伝え、その時に井上と直接に会談することを指示し、その際に北条氏康から越後《えちご》長尾家（のち上杉家）との和睦をすすめられることを予測して、それへの対応に工夫が必要と述べて、武田家としては長尾家との和睦は全く考えていないという方針を示して、そのことを踏まえて会談にあたるよう述べている。

この時、武田家と長尾家は、いわゆる第二次川中島合戦を戦っていて、こののちの閏《うるう》十月に今川義元の仲介によって、和睦することになる。「等閑」の内容を、義元による和睦仲介とみる可能性も想定できるが、やはり直前に軍事支援のことが記されているので、素直にそのことに関わっているると認識するのが適切と思われる。またこれによってこの時、武田家は長尾家と対戦中にもかかわらず、今川家に援軍を派遣し、武節攻めをおこなっていたことが知られる。武田家による武節城攻め支援は、これまでは翌年冬にみられたことが知られているだけであった（戦武五二五）。これにより武田家は、弘治元年七月の時点で、武節城攻めに援軍を出していたことを認識できる。

晴信の感情は、こちらが援軍を出しているのに、今川家は出してくれないことについて、大いに不満を持った、というものであった。だが、こののちも晴信（信玄）は、今川家に何度となく軍事支援をおこなっていくことになる（丸島和洋「武田氏から見た今川氏の外交」大石泰史編『今川義元』所収・平山優『徳川家康と武田信玄』）。にもかかわらず今川家からの態度は、冷ややかなものであったらしい。そこに今川家の武田家への優越意識と、それに甘んじざるをえない武田信玄の意識がうかがわれる。この史料は、両大名家のあいだのそのような不均衡な感情の存在を示す、端緒のものといえる。

家康の元服と結婚

さて駿府で生活していた家康は、一四歳になった弘治元年（一五五五）か、一五歳になった同二年に、元服する。これにより仮名は安城松平氏当主歴代の「次郎三郎」を称し、実名は今川義元から偏諱を与えられ、安城松平氏歴代に因《ちな》む「信」字（始祖信光・曽祖父信忠・同弟信定・大叔父信孝など）に冠して「元信《もとのぶ》」を名乗った。

ただし元服の時期は現在でも確定されておらず、江戸時代の所伝によるにすぎない。弘治元年を伝えているのは、松平家・家康関係の軍記史料としてもっとも史料性が高いとみなされている「松平記」（元禄元年〈一六八八〉以前の成立、『愛知県史資料編14』所収）などになる。そのため現在でも、この所伝が採用されている。もっとも家康の元服が確認されるのは、同二年六月二十四日付けの初見の発給文書まで下る（戦今一二九〇）。しかもこの文書は、「松平次郎三郎元信」と署名して、元信が出した体裁をとってはいるものの、署名下には花押《かおう》（サインのようなもの）ではなく、黒印《こくいん》が捺《お》されており、しかもその黒印は、大伯母・久《ひさ》（祖父清康《きよやす》の姉）の使用印であった。このことは同文書は、実際には久によって出されたことを意味している。元服したとはいえ、元信はまだ社会人としての証拠能力を保証する花押を持っておらず、そのため岡崎松平家で実質的な家長（すなわち「おんな家長」、拙著『戦国「おんな家長」の群像』）を務めていた久によって領国統治が代行されていたことを示している。

このことからすると、元信の元服はその直前頃のことであった、という見立ても十分に可能である。いずれが妥当か、今後さらなる追究が必要である。

次いで元信は、今川家御一家衆・関口刑部少輔《ぎょうぶ》（のち伊豆守）氏純《うじすみ》の長女・築山殿《つきやまどの》（?〜一五七九）と結婚する。その時期についても江戸時代の所伝によるにすぎず、「松平記」などによる弘治二年と、「徳川幕府家譜」（『徳川諸家系譜第二』所収）などによる同三年が伝えられている。現在は、「松平記」の記載が尊重されて弘治二年説が有力視されているものの、これについても元信の元服時期とともに、いずれが妥当か、今後さらなる追究が必要である。

元信が築山殿と結婚したのは、一五歳か一六歳のことになる。築山殿の年齢は判明していないが、二歳ほど年上と推定されるので、一七歳か一八歳くらいであったと思われる（拙著『家康の正妻　築山殿』）。関口刑部少輔家は、今川家御一家衆のなかでの序列は、成立期には第四位で、この頃には第五位くらいであったと思われるが、いずれにせよ有力な御一家衆であった。元信はその娘婿となったのである。これにより元信は、今川家御一家衆家の婿として、その立場は親類衆に相当するものとなったと考えてよい。同様の状況にあった、今川家従属下の国衆には、遠江高天神《たかてんじん》小笠原家や三河西郡《にしのこおり》鵜殿《うどの》家などの存在が想定される。しかし国衆のすべてが、御一家衆と婚姻関係を結んだわけではなかったから、そのような立場になった元信は、今川家においては優遇された存在とみてよい。

ところで元信が駿府に居住するようになったのは、八歳か九歳の時であった。その時に築山殿は一〇歳か一一歳であった。このことからすると、元信は駿府に移住したのち、しばらくのうちに築山殿と婚約した可能性を想定できる。大名家や国衆家の子女において、一〇代初めの

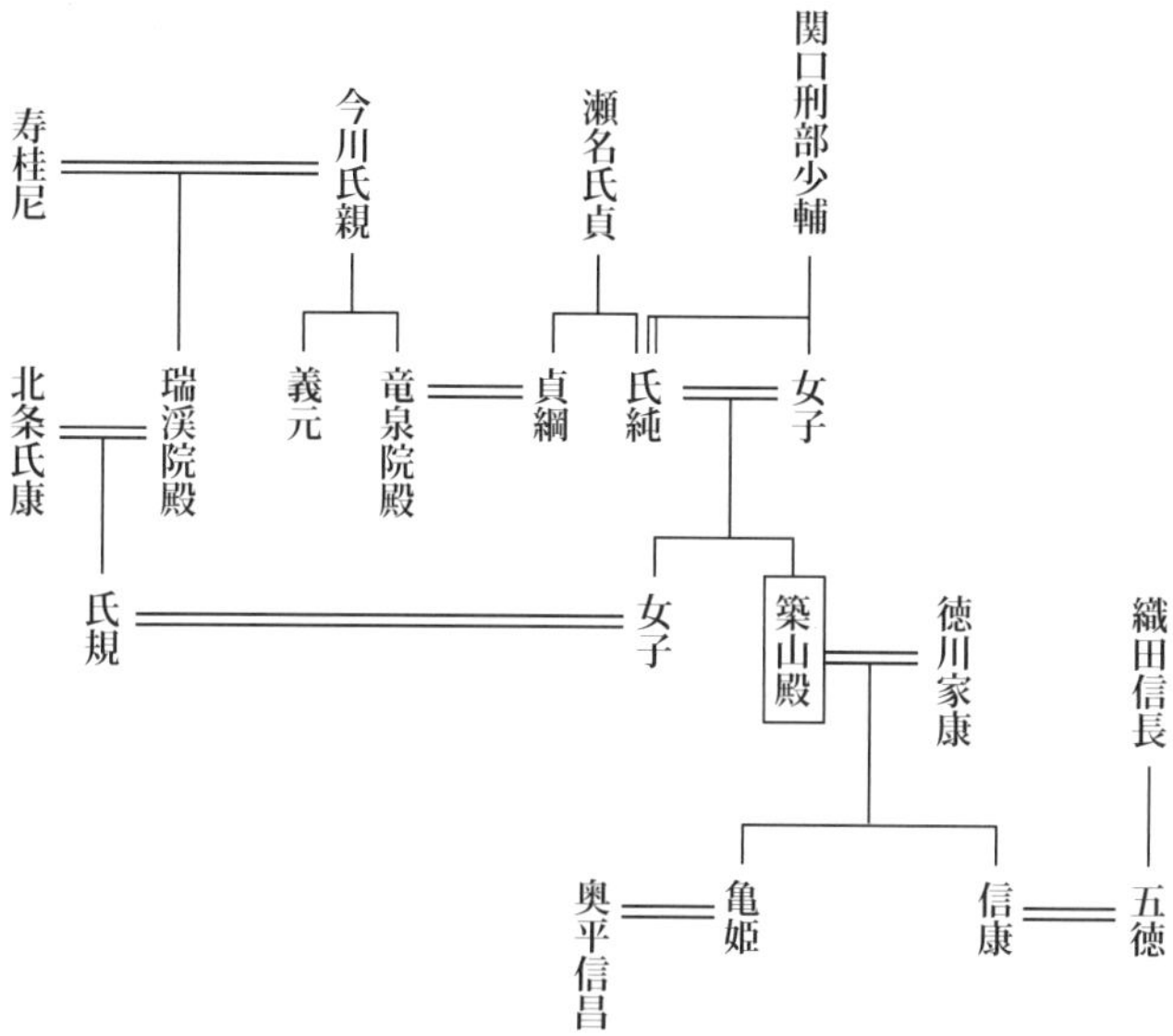

築山殿関係系図

婚約は、決して珍しいことではなかったからである。そうであれば元信は、駿府に移住した時から、そのような待遇をうけることが決まっていたことになる。今川家での元信の立場は、決して悲惨なものではなかった。

その後、元信は、弘治三年五月から（戦今一三三三）、永禄元年（一五五八）七月までのあいだに実名を「元康《もとやす》」に改名する（戦今一四〇八）。下字は祖父清康のものの襲名になる。そして同二年五月から（戦今一四五五）、十一月までのあいだに（戦今一四八三）、安城松平氏歴代の官途《かんと》名《めい》（朝廷の中央官にちなむ通称）の性格にあった「蔵人佐《くろうどのすけ》」を称した。こうして元信は、「松平蔵人佐元康」を名乗った。いまだ駿府での居住を続けたが、それは元康が、今川家御一家衆と婚姻したことで、親類衆として位置するようになったからであった。今川家御一家衆は、たとえその本質が国衆家であったとしても（駿河駿東《すんとう》郡葛山《かずらやま》家の事例）、駿府居住が原則であった。このことからすると元康は、限り無く御一家衆に近い立場に置かれていたことが認識される。やはり今川家での元康の立場は、かなり優遇されたものであったのである。

氏真の家督相続

元康の元服が確認されてからしばらく経った、弘治三年（一五五七）正月、氏真は義元から今川家の家督を譲られて、今川家当主になった。二〇歳であった。今川家では、前年までは義元が当主としてみえていたが、この年の正月四日になると、氏真が「屋形五郎殿」と記されていることから（静7二四七八）、この時には氏真が当主になっていたことが判明している（長谷川弘道「今川氏真の家督継承について」）。

この日、駿府に滞在していた公家の山科言継は、まず氏真に挨拶し、次いで義元に挨拶している。翌五日についても同様であった（静7二四七八～九）。したがって氏真が当主になったことにともなって、挨拶の順番が氏真、次いで義元になっているとみることができる。逆に、前年大晦日《おおみそか》（十二月三十日）の場合は、それまでと同じく、義元、氏真の順番になっている（静7二四七二）。このことから、氏真の家督相続は、弘治三年正月元旦から四日までにおこなわれたと推測できるであろう。

義元が生前に隠居し、氏真が当主になっていたことについては、一般にはまだ普及していないようである。しかしこのように、氏真は弘治三年正月には「屋形」と称され、当主になっていた。以後にみられる「御屋形様」はすべて氏真を指している。義元については、それまでと同じく「太守《たいしゅ》」と称された。今川家の家長権は、隠居の義元が掌握し続けたためであった。ちなみに義元は、隠居にともなって駿府館から退去し、「隠居屋敷」に居住したことがわかっている（戦武二二一六）。しかし残念ながらその場所は判明していない。

また今川家の研究者では、両者の文書発給状況から、家督の交替時期を推測する方法がとられていたが、それは家督交替とは別の問題で、当主ないし家長権限の移行にともなう事態になる。北条家でも、氏康から氏政への当主権限の移行は、家督交替後に段階的にすすめられている（拙著『北条氏政』）。義元と氏真の場合もそれと同様の事態ととらえられる。ただしその移行の具体的な過程については、まだ十分には明らかにされていない。

当主になった氏真は、翌年の永禄元年（一五五八）閏六月二十四日付けで遠江河匂庄《かわわ》老間村《おいま》寺庵宛の判物《はんもつ》（花押を据えた公文書）を初見に（戦今一四〇六）、領国統治のための公文書を出すようになっている。同年八月には駿河に関して判物を出していて、そこで駿河・遠江の統治を管轄するようになったことがうかがわれる（戦今一四一二）。さらに同時期から、円形「氏真」朱印を使用して朱印状を出すようになっている（戦今一四一六）。

氏真の朱印使用は、同年についてはこの「氏真」朱印であったが、翌永禄二年五月からは、方形「如律令《にょりつりょう》」朱印を使用するようになっている（戦今一四五六）。印文「如律令」朱印については、それまでは義元が円形朱印で使用していて、その終見は弘治三年十二月であった（戦今一三七八）。また義元は、印文「義元」朱印を使用していたが、同年十二月から（戦今一三七五）、永禄元年九月までに（戦今一四二五）、形態を方形から矩形のものに改印している。

これらの状況は、弘治三年から永禄二年にかけて、当主権限が義元から氏真に譲渡されていったことに関わっているとみて、間違いない。おおまかには、駿河・遠江の領国統治は氏真、三河の領国統治は義元が担当したとみなされている。おおよそ妥当とみなされているが、より詳細に検討していく必要があり、今後の検討課題となろう。ちなみに氏真の発給文書に関しては、大石泰史氏が、使用朱印の整理、花押型の形態分類をおこなっていて、貴重な研究成果になっている（同著『今川氏滅亡』）。

ちなみに氏真は、その後に、今川家当主歴代の受領名《ずりょうめい》（朝廷の地方官に因む通称）「上総介《かずさのすけ》」を称するが、その時期は判明していない。上総介を称した初見は、こののちの永禄五年正月ま

「氏真」円形朱印

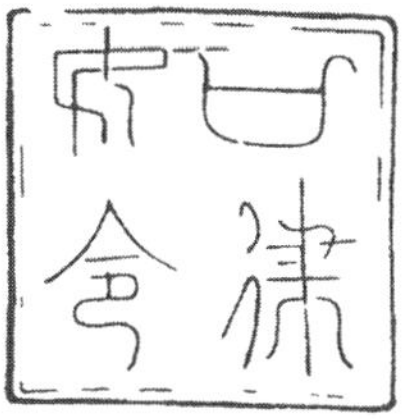

「如律令」方形朱印

印文未詳矩形朱印

今川氏真の印章。大石泰史『今川氏滅亡』より

で下っている（戦今一六三六）。なお同三年八月の時点で、氏真は「源氏真」と署名していて（戦今一五七二）、そうした署名の仕方は任官以前であることが一般的なので、氏真が上総介に任官したのは、それ以降のことであったかもしれない。そうであれば父義元の戦死後のことであったことになろう。しかしそれでも、初見の事例まで一年以上の間隔がある。今後、それに関する史料の出現を期待しておきたい。

ともあれここに今川家当主として、今川氏真の誕生をみた。今川家に従属し、その親類衆として駿府に居住していた松平元康にとって、氏真が主人として存在するようになった。史料は残されていないが、元康はそれから、しばしば氏真のもとに参向したことであろう。こうして今川家当主の氏真と、その配下の元康とのあいだに、公式の政治関係が生まれることになった。氏真は二〇歳、元康は一六歳であった。そして両者はこののち、五〇年以上におよんで政治関係を取り結んでいくのであるが、当然ながら、この時の両者には思いもよらなかったことであったろう。

家康の岡崎領統治の開始

元康（家康）は、元服直後にあたる弘治二年（一五五六）六月二十四日に、まだ実名を元信と名乗っていた時、岡崎領内大仙寺に寺領や諸特権を安堵する黒印判物を出している（戦今一二九〇）。これが元康の発給文書の初見になる。同時にこれが、元康による岡崎領統治に関する初見の発給文書になる。元康は元服を機に、自らの領国統治に着手した、ということになる。ところが同文書は、先に触れたように、実際には「おんな家長」として松平家の政務を代行していたとみなされる、大伯母・久によって出されたものであった。元康は元服したことで、松平家当主の立場を確立し、政務にあたれるようになった。同文書もそうした状況をうけて出されたと考えられる。しかし実際の発給は、久によるものであった。これはまだ元康が領国統治をする状況になかったため、久が当主を代行して出したものといえる。

この時に元康が領国統治にあたらなかったのは、同文書の副状として出された久の書状（戦今一二九二）に「はんの事はいまだいづかたへもかやうの事にせられ候わず候まゝ」とあることから、まだ公文書の発給を開始するための儀式である「判始《はんはじ》め」をすませていなかったためであった。「判始め」によって、社会人としての保証能力を示す花押を持つことになる。そし

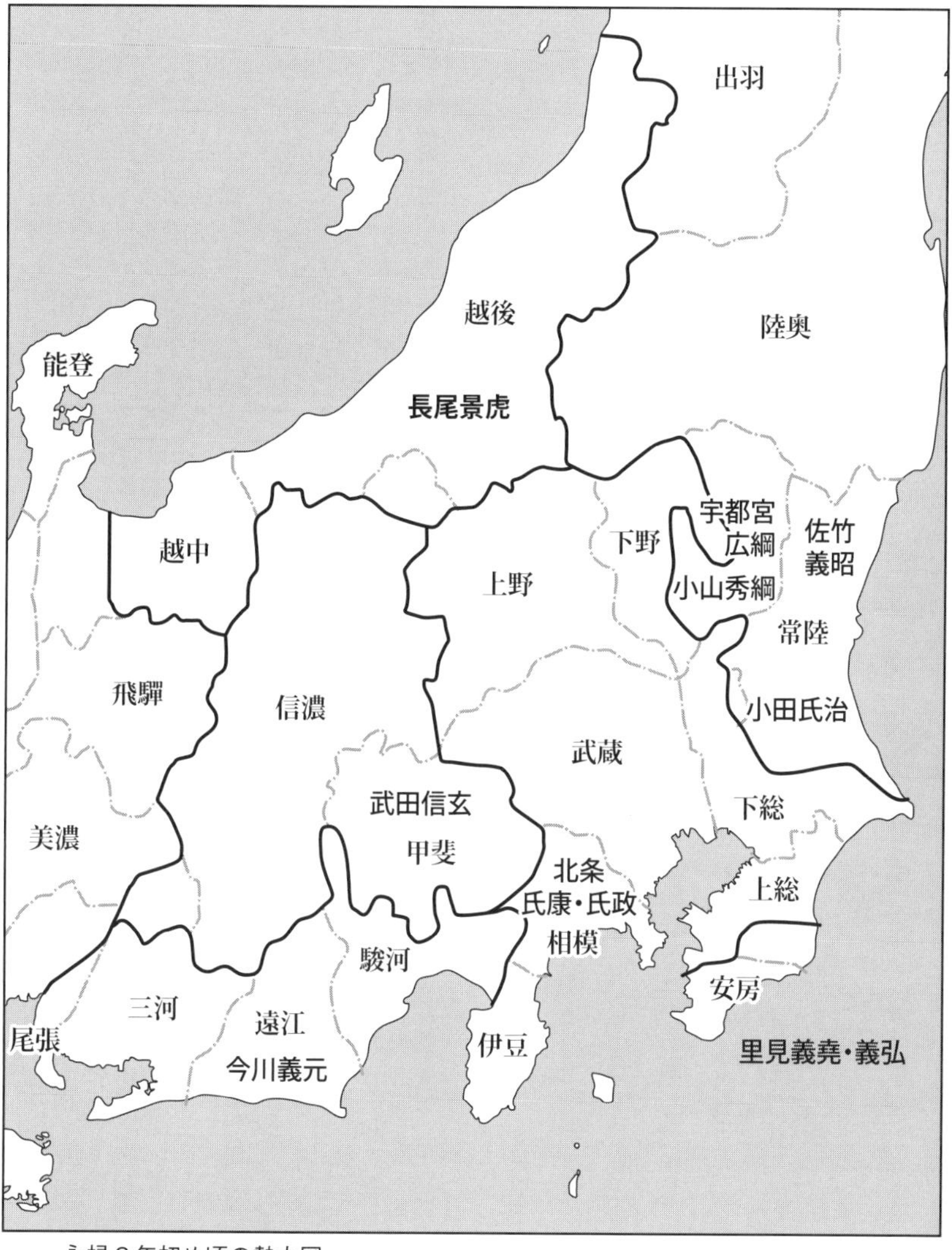

永禄３年初め頃の勢力図

て実際に、元康が花押を据えて出した公文書は、翌弘治三年五月三日付け（高隆寺への寺領安堵）からみられている（戦今一三三三）。ここにいたって元康は、名実ともに岡崎領統治を開始したのであった。そしてそれにともなって、今川義元による同領統治も終了をみている。

義元による岡崎領統治が確認できるのは、弘治二年九月に、松平氏一族の青野松平亀千代（家忠）に同家の家督と所領相続を認めているのが最後になっている（戦今一三〇一～三）。これはちょうど、大伯母・久によって出された元康の初見発給文書と、元康が花押を据えて出した文書の初見のあいだに位置している。こうした状況からみると、元康の「判始め」がおこなわれたのを契機に、義元は岡崎松平家当主の代行を終了し、元康に領国統治を開始させたと考えられる。

こうして元康は、岡崎領支配を開始した。しかも元康の領国統治の開始は、あたかも今川家の新当主・氏真の登場をうけているようでもある。そこに具体的な関連性があったのかどうかは判断できないが、新しい世代の政界デビューがすすめられたことは確かであった。もし氏真の家督相続を踏まえて、元康に「判始め」をさせて、領国統治を開始させたのであったとしたら、義元は元康の存在を大いに重視し、氏真のよき協力者にしようとしたことにもなろう。

もっとも元康による岡崎領支配のための発給文書は、永禄三年の尾張桶狭間《おけはざま》合戦まででは、先に触れた二通のほかは、わずか四通が残されているにすぎない。永禄元年（一五五八）七月に寺院に諸特権を安堵したもの（戦今一四〇八）、同二年五月に家中に公布した七ヶ条の定書（戦今一四五五）、同年十一月に寺社に所領を返還したもの二通（戦今一四八三～四）、である。残念ながらこれらだけからでは、元康の領国統治の実態については、ほとんどうかがうことはできない。

そのなかで興味深い内容なのが、七ヶ条の定書であろう。これは家臣団統制に関わって出されたもので、家臣の行動についての規定や、家臣同士の争いから発した元康への訴訟の在り方などを規定している。そのなかで特に注意されるのは、元康の判断に家老すべてが異議を唱えたものの、元康が聞き入れなかった場合には、家老たちは関口氏純と朝比奈《あさひな》親徳《ちかのり》（今川家家老）に訴訟し、両者から元康に意見することを規定していることである。関口氏純は岳父であり、朝比奈親徳はおそらく、今川家からの指南（今川家と元康との連絡を担った、元康にとっての寄《より》親《おや》・取次）とみなされる。元康も、両者から意見されれば、聞き入れざるを得なかったことがわかる。

ともあれ元康は、岡崎領の国衆・岡崎松平家の当主として、領国統治を展開した。そして今川家における立場は、今川家の親類衆というものであった。それはすなわち、一族に近い待遇をうけたもので、今川家とは親密な関係にあったことを示している。こののち状況によっては、元康が今川家当主の氏真を支える存在になることも、ありえないことではなかったように思う。

第二章

家康と氏真の抗争

家康の岡崎領帰還

永禄《えいろく》三年（一五六〇）五月、今川義元《よしもと》は尾張《おわり》に進軍した。義元は先に触れたように、すでに家督を氏真に譲っていたが、引き続いて「太守《たいしゅ》」と称されて、今川家の家長として存在していた。氏真との家長権限の分有のあり方は明確になっていないが、義元が三河の統治と軍事・外交を管轄していたことは間違いないとみなされる。この時期の今川家は、前当主と現当主が分担しながら家長権を構成するという、いわゆる「両頭体制」がとられていた。そのため尾張への進軍は、義元が総大将となっておこなわれた。

元康《もとやす》（家康）は、今川方の最前線に存在していた国衆《くにしゅう》であったから、そうした立場にあった国衆の通例通り、先陣を務めた。そうして五月十九日の朝に、尾張に進軍し、丸根砦《まるねとりで》（名古屋市）を攻略したうえで、今川方の最前線拠点の一つとなっていた尾張大高城《おおだか》（同）に兵糧《ひょうろう》を搬入し、同城に在陣して義元本軍の到着を待った。ところがその日、尾張桶狭間《おけはざま》合戦で義元が戦死するという、予想外の事態になった。義元戦死をうけて今川軍は後退し、今川方になっていた尾張の諸城に在城していた軍勢も、退去した。元康も大高城から退去し、本拠の岡崎城に後退した。

この時の岡崎城にも、今川家から在城衆が派遣されていた。「松平記」では、今川家家老筆頭の三浦氏員《みうらうじかず》と遠江《とおとうみ》国衆の引間《ひくま》飯尾連竜《いのおつらたつ》であったという。そして『三河物語』によれば、それらの在城衆は退去していたことから、「捨て城」であるからとして、五月二十三日に元康は岡崎城に入城したという。そして『三河物語』は、これをもって今川家に「手切れ」（絶交）し、今川家から自立をとげた、としている。元康が合戦後に、岡崎城に入城したことは確かであろう。その際に、今川方の在城衆が退去したというのも確かと思われる。しかし元康の岡崎入城が、今川家への敵対をともなったというのは誤りである。元康はその後しばらくは、引き続いて今川方として存在していて、織田方との抗争を展開しているからである。

五月二十三日の入城が確かであったとすれば、入城は、もしかしたら独自の判断でおこなわれたかもしれない。しかしその後すぐに、駿府《すんぷ》の今川氏真に了解を求めたに違いない。今川家の了解なしに、勝手に岡崎城に入城したら、それこそ今川家への敵対行為になるからである。

そしてその際には、指南の朝比奈親徳《あさひなちかのり》と相談し、その取次《とりつぎ》をうけたことと思われる。あるいは退去するにあたって、朝比奈親徳ら今川家の家老たちが、そのように判断して、元康に要請してきたということも考えられる。むしろこのほうが自然かもしれない。

しかしともかくも、ここに元康はようやくに岡崎領への復帰を果たした。それは一一年ないし一〇年ぶりの本拠復帰であった。直後の六月三日に、元康は領内の崇福寺《そうふくじ》に、軍勢の違法行為の禁止などを保証する禁制を与えている（戦今一五四一）。これは軍事行動にともなって出されたものであり、それを元康が出したということは、岡崎領の平和は元康が担うことを表明するものであった。ここに元康は、岡崎領を全く自力で維持するものとなった。これは国衆としては本来のあり方であったといえるが、元康は桶狭間合戦という不測の事態を契機に、はからずもその立場を確立するのであった。

合戦での敗北で、今川軍は重臣の戦死など、大きな損害を出した。合戦後における当主氏真の反応を知ることができる最初は、五月二十五日のことになる。氏真は遠江犬居《いぬい》領の国衆・天野《あまの》景泰《かげやす》に書状を出して、景泰が「当城」を堅固に守備していることに満足していることを伝えるとともに、「軈《やが》て出馬すべく候《そうろう》」と、すぐに尾張に向けて出陣する意向を示している（戦今一五三九）。これにより氏真は、すぐに反撃することを考えていたことがわかる。ただし思いとは別に、なかなか出陣できない状況になった。

まず六月五日に、義元の葬儀をおこなっている（戦今一五四二）。同月八日から十六日にかけては、尾張侵攻で戦功のあった家臣に、新恩所領を与えたり、感状《かんじょう》（戦功を賞する文書）を出すなど、戦功認定におわれている（戦今一五四四・一五四六・一五四八）。そして六月二十四日からは、「代替わり」安堵《あんど》がおこなわれている（戦今一五五〇）。これは、義元の戦死によって、義元から氏真にすべての家長権が移管されたため、今川家では「代替わり」がおこなわれたと認識され、それにともなって義元から安堵されていた諸特権などについて、あらためて氏真に保証が求められてくることになり、それに対処したものになる。その状況は何と、翌年五月まで連綿と続いていく（戦今一六九五）。家臣や寺社の進退を保証しなければ、軍事負担を求めることはできない。そのため氏真は、そうした「代替わり」安堵を何よりも優先しなければならなかった。結果として、すぐの出陣はできなくなってしまった。

元康はというと、岡崎領に帰還したのち、ただちに織田方との抗争を展開したようである。七月二十八日に家老の酒井忠次（一五二七〜九六）は、筧重成《かけいしげなり》に戦功を元康に報告することを伝えている（戦今一五五九）。その戦功は、尾張知多《ちた》郡におけるもので、刈谷《かりや》・緒川《おがわ》水野信元（元康の母方伯父、？〜一五七五）とのあいだのものであった。元康は八月一日に筧重成と坂部正家に同地での戦功を賞する感状を与えている（戦今一五六一〜二）。その後も今川方と織田方では、三河・尾張国境地域で抗争が展開された。これは織田方の勢力が、西三河にも及ぶようになったことを示している。そして西三河の尾張寄りの高橋郡地域は、やがて織田家の領国に併合されることになる。

三河刈谷領や高橋郡域は、元康の岡崎領に接する位置にあった。元康は、まさに敵方への最前線に位置することになってしまった。今川方では、九月十日に高橋郡梅坪平《うめつぼだいら》（豊田市）で織田方と合戦し（戦今一七三八）、十一月一日に織田方の同郡八桑（同）を攻撃している（戦今一六〇七）。十二月二十四日には逆に田峯菅沼《だみねすがぬま》家領の武節《ぶせつ》城（豊田市）まで攻撃されている（戦今二七五五）。しかしそれらの交戦はいずれも現地勢力によるものであった。それら三河の現地勢力は、今川家から援軍派遣がみられないため、独力で防衛にあたっていた。このことは元康についても全く同様で、元康も全くの自力で岡崎領の防衛にあたらなければならない状態になっていた。

またこの年に、今川方の三河における支配拠点である吉田城で謀叛《むほん》事件があったが、内通があったことで未然に防止されたことが知られる（戦今一七二六）。事件の内容は判明していないが、吉田城でそのような謀叛未遂事件が生じているところに、桶狭間合戦後における今川方の動揺と、織田方の攻勢をうかがうことができる。

氏真の関東出陣と家康の離叛

今川氏真が三河に援軍を派遣できなかったのは、「代替わり安堵」による政務の多忙だけが理由ではなかった。永禄三年（一五六〇）九月に、越後《えちご》長尾《ながお》景虎《かげとら》（のち上杉謙信《うえすぎけんしん》、一五三〇～七八）が関東の北条《ほうじょう》家の領国への侵攻を開始してきたことが大きかった。氏真は、北条家・武田家と駿甲相《すんこうそう》三国同盟を結んでいたため、北条家への援軍派遣をおこなうとともに、自らも出陣することにした。氏真にとっては、三河での織田方との抗争よりも、妻の実家である北条家への支援のほうが、優先事項であった。

北条家への援軍は、その年の冬（十月から十二月）に、家臣畑彦十郎や小倉内蔵助《おぐらくらのすけ》らが派遣され、それらは北条方の最前線になった武蔵《むさし》河越《かわごえ》城（川越市）での籠城《ろうじょう》戦に参加した（戦今一六八〇～一・一六九〇～一）。彼らの在陣は翌年四月末までに及んだ。そして氏真自身も、翌年三月に、北条家への援軍として自ら相模《さがみ》に向けて出陣するのであった。この時、北条家は本拠の小田原城（小田原市）を長尾軍に攻撃される状況になっていた。三月二十四日の時点で、北条方では、「今川殿（氏真）近日出馬有るべく候」と認識している（戦今一六六二）。実際の氏真の出陣はまだ確認されていないが、同じく同盟関係にあった武田《たけだ》信玄《しんげん》は、同日には甲斐《かい》南東部の吉田（富士吉田市）まで、一万の軍勢を率いて出陣していて、すぐに相模西郡《にしぐん》河村（山北町）に進軍してくる情勢にあった。このことからすると、氏真も実際に、一万ほどの軍勢を率いて出陣したとみて間違いないであろう。

もっともこの武田軍・今川軍の出陣をうけて、長尾景虎は小田原城の攻撃を諦めて、閏《うるう》三月四日には酒匂《さかわ》陣（小田原市）から相模鎌倉（鎌倉市）に後退している（戦今一六六六）。氏真はその日、河越城に籠城する小倉内蔵助に書状を出し、小倉の戦功を「此《こ》の表の皆々同心の者共」に伝えると述べている。「此の表」というのは、氏真が所在している場所を指し、「皆々同心の者共」とは、そこで氏真に付き従っている人々を指そう。そうするとその時点で、氏真は駿府から出陣し、相模に在陣、ないしその途中にあったことを想定できるように思う。実際にも氏真は、相模に出陣していたとみてよいだろう。

氏真がいつ、駿河《するが》に帰国したのかはわからない。しかし四月初めには帰国していたと思われる。というのは、四月八日に北条氏康《うじやす》・氏政《うじまさ》父子は、今川家からの援軍の畑・小倉に感状を出しているが、それは氏真のもとに送られて、それをうけて氏真は四月二十二日付けと同月二十五日付けで、それぞれに感状を出している。そうすると北条家父子が出した感状を、氏真が請け取ったのは同月下旬とみなされ、その時間差は、氏真がすでに駿河に帰国していたため、送付に時間がかかったと考えるのが妥当と思われる。このことからすると、氏真は閏三月のうちには駿河に帰国していたと思われる。

この氏真の関東情勢への対応によって、元康は、まさに単独で織田方との抗争にあたらなければならない状況になっていた。しかし織田方との全面戦争の展開は、元康にとって困難なことであったろう。そのため元康は、永禄四年二月頃に、織田信長（信秀の嫡男、一五三四～八二）と和睦を結んだとみられている。もっともその時期については、江戸時代成立の史料にしかみられてはおらず、当時の史料では確認されていないが、前後の情勢からおよそ妥当とみなされている。ともあれこれによって元康は、織田方との抗争を終息させることができ、自らの領国の維持を果たすことになった。

しかしこの和睦は、もちろん今川氏真から了解を得たものではなかった。今川家の対応次第では、今川家と「手切れ」となり、今川家との全面抗争となる懸念があった。実際にもその後、そのように展開していくことになる。もっとも元康にとっては、それは覚悟のうえであったに違いない。今川家と抗争するよりも、織田家との抗争のほうが、領国の確保にとってリスクが高いと判断したのであろう。

同年三月には、元康は室町幕府将軍・足利義輝《あしかがよしてる》（一五三六～六五）に、初めて通信している（愛11 一五九三）。これは足利義輝から各地の大名・国衆に出された、馬を進上するようにという要請に、いち早く応えたものであった。元康は幕府将軍と直接的な関係を形成することで、今川家から自立し、独立した政治勢力としての地位を確立しようとしたものであろう（柴裕之

『青年家康』）。なおそこで、足利義輝は織田信長（「尾州織田三介」）にも馬を所望したが、応えがないことを元康方に伝えており、このことは間接的に、すでに元康と信長が同盟関係にあったことを示していると認識できるように思う。

そして元康は、閏三月には三河高橋郡の反今川勢力（簗瀬《やなせ》家弘《いえひろ》や原田《はらだ》種久《たねひさ》ら）を服属させて、その進退の保証を約束している（戦今一六七二）。続けて四月になると、五日には、三河吉良《きら》家一族の荒川義広からの要請を容れて、今川方の西尾城（西尾市）を攻略し、また東条吉良家への攻撃を開始した（戦今一六七八～九）。六日には田原領の池尻（田原市）で今川方と交戦した（戦今二七五六）。田原領の拠点である田原城は、吉田城とともに今川方の重要な支配拠点であった。その領域にも元康方の侵攻がみられた。

そして四月十一日に、元康は、今川家の三河における拠点の一つであった牛久保《うしくぼ》城（豊川市）への攻撃を開始した（戦今一六八二）。これは明確に、今川家への敵対行動となった。今川氏真はこれについて、「松平蔵人敵対せしめ」（戦今一七〇六）「松平蔵人逆心」（戦今一七〇三など）「岡崎逆心」（戦今一七一二）と表現し、明確な叛乱《はんらん》と認識した。そして元康への報復を開始することになる。

こうして元康は、今川家に対して明確に敵対し、同時に今川家からの自立を果たした。元康と氏真は、ついに敵対関係になった。元康が駿府に移住してから一二年ないし一一年後のことであった。そしてここから、足かけ九年におよんで、元康と氏真は本格的な抗争を展開するのであった。

氏真の三河進軍

元康は、永禄四年（一五六一）四月十一日に、牛久保城攻撃を開始した。これは同城を本拠にする国衆・牧野《まきの》成定《なりさだ》の一族、牧野平左衛門《へいざえもん》入道父子の内応をうけてのことであったようだ（戦今一六八四）。しかし同城の攻略は果たせなかった。十五日には、元康は田峯領の国衆・菅沼小法師《こほうし》（定吉《さだよし》）を従属させた（戦今一六八三）。元康は今川家からの自立後、三河において今川家に替わる大名権力としての途を歩み出したことがわかる。そして五月初旬から、遠江寄りの八名《やな》郡・設楽《したら》郡で今川方との抗争がみられた（戦今一七五二・一七五五・一八五四）。二十日には八名郡宇利《うり》（新城《しんしろ》市）や吉田城（豊橋市）を攻撃し、今川方の鈴木重勝・重時父子、宇利城（新城市）の近藤康用《こんどうやすもち》と合戦になっている（戦今二一三八）。この地域では八名郡嵩山《すせ》西郷正《さいごうまさ》勝《かつ》が元康に味方してきており、また野田領の富永・広瀬で合戦がみられているので、野田菅沼家も今川家から離叛した可能性もある。

しかし六月には、十一日に作手《つくで》領の国衆・奥平定能《おくだいらさだよし》（一五三七〜九八）が今川家への忠節をあらためて明確にし（戦今一七〇三〜五・一七〇七〜八・一七一〇）、また氏真は二十日に牛久保城への在城衆を強化している（戦今一七一一）。氏真は、当初は元康の叛乱とみていたが、それに味方する勢力が出てきたことで、この情勢を「三州過半錯乱」「三州錯乱」と認識した（戦今一七一一・一七二六）。対して元康は、青野松平家家老の松井忠次（のち松平康親《やすちか》、一五二一～八三）に幡豆《はず》郡東条津平《つひら》（西尾市）に築城させ、譜代家臣の本多広孝（一五二八～九六）に同郡小牧（同）に築城させ（戦今一七一四～五）、東条領の確保をすすめている。

七月に入ると今川方は、六日に嵩山西郷家を攻撃する一方（戦今一七二一）、氏真は十一日に牛久保城主の牧野成定を西郡領《にしのこおり》（蒲郡市《がまごおり》）に配備して、同領の守備を強化した（戦今一七二〇）。対して元康は、元は松平家領で、現在は奥平家領になっていた山中（岡崎市）の攻略をすすめた（戦今一七二二）。次いで八月九日には西郡領に侵攻し、同領の国衆・鵜殿長照《うどのながてる》の本拠、上之郷《かみのごう》城を攻撃した（戦今一七三四）。九月四日に同領大塚城を攻撃したが（戦今一八〇五）、いずれも攻略はできなかった。

逆に今川方は、九月になって譜代家臣・酒井右京進《さかいうきょうのじょう》を大将とした軍勢を派遣してきて（戦今一七五六）、四日に元康方の岩瀬吉右衛門《いわせきちえもん》の在所を攻撃し（戦今一七四一）、八日に西郡領近くの形原《かたのはら》（蒲郡市）で元康方を攻撃（戦今一七四五）、十日に嵩山西郷家を攻撃し（戦今一七五六）、翌十一日に元康方の西郷正勝・元正父子を戦死させ、西郷家に打撃を与えた。そうして氏真は、十月十六日には自身も三河に進軍することを表明した（戦今一七五八）。また今川方の奥平家は、田峯領の島田（新城市）に侵攻して（戦今一七七八）、田峯菅沼家を圧迫している。氏真による反撃もすすんできたことがわかる。

しかし元康方も、十月二十四日に元康は八幡社《はちまんしゃ》（豊川市）での陣取りを禁止して同社を保護し（戦今二七二三）、同月晦日《みそか》に牛久保城を攻撃している（戦今二七五八）。さらに十二月七日には今川方と交戦し（戦今二七五九）、同月九日には、元康は再び野田領の菅沼定盈《さだみつ》を味方につけている（戦今一七八〇）。菅沼定盈は、それ以前から今川家に離叛していたが、ここで再び離叛していることからすると、その間に一旦は帰参していたのかもしれない。元康も今川方の攻勢に対抗していた。

こうして元康の今川家への叛乱には、田峯菅沼家・嵩山西郷家・野田菅沼家などが味方し、その影響は三河全域におよんでいた。そのため氏真は、この状況を「三州錯乱」と認識し、その鎮圧に乗り出してきた。元康は、岡崎領全域の回復をすすめるとともに、東条領の攻略、西郡領の攻略をすすめていた。しかし今川方の反撃も手強く、嵩山西郷家に大きな打撃を与え、翌五年正月十四日には、田峯菅沼家が今川家に帰参してしまうのであった（戦今一七八七～八）。元康の今川方への攻撃は、必ずしも順調というわけではなかったとみなされる。

ところで氏真は、元康の討滅を必ずしも期してはいなかったらしい。目的はあくまでも、三河の回復にあったように思われる。駿府には、元康の嫡男竹千代（信康《のぶやす》、一五五九～七九）が居住したままであったが、氏真はこれを殺害していない。ちなみに妻の築山殿《つきやまどの》と長女亀《かめ》（一五六〇か〜一六二五）は、元康の岡崎城帰還にともなって、駿府から岡崎に移住していた。嫡男竹千代は、元康の駿府での本拠の留守として、駿府屋敷にとどまっていたとみなされる。もし氏真が、元康の行為を絶対に許せないと考えていたならば、ただちに竹千代を殺害してもおかしくなかろう。しかし氏真はそうしなかった。「松平記」では、いつ殺害されてもおかしくなかったが、外祖父にあたる関口氏純《せきぐちうじすみ》が懸命に助命を嘆願し続けた結果、としている。しかしそれよりも史料性の高い『三河物語』は、関口氏純の外孫だったから殺害されることはなかった、と記している。

実際にも氏真は、竹千代殺害などは考えていなかったに違いない。それは竹千代が、御一家衆・関口氏純の外孫で、その家族であったからであろう。『三河物語』の内容はその意味においてあっているといえよう。そもそも元康は、今川家御一家衆の姻戚として、親類衆の立場にあり、三河の国衆として最有力の存在であった。そのため氏真は、岡崎松平家を滅亡させるのでなく、温存することを考えていたのではないか。そしてその際に、今川家御一家衆の血を引いた竹千代を、元康に代わる新たな松平家当主として擁立する余地を残していたように思われる。

そのうえで氏真は、将軍足利義輝に、元康との和睦の周旋を要請した。足利義輝はこれに応じて、永禄五年正月二十日に、氏真と元康の和睦成立を命じる御内書《ごないしょ》（将軍が出す略式の命令書）を出した（戦今一六三六〜九）。しかもそれは、当事者の氏真だけでなく、氏真と密接な同盟関係にあった北条氏康・武田信玄にも送られた。氏康と信玄には、氏真に意見して和睦を成立させるよう要請していた。そしてこの御内書を届ける使者として、公家《くげ》の三条西実澄《さんじょうにしさねすみ》らが派遣された。同様の御内書は、元康にも届けられたであろうが、それは現在残されていない。

　この和睦命令は、氏真の要請で出されたと考えられる。元康にも命令が出されたに違いないが、元康はそれを無視するからである。御内書の日付は正月二十日であるから、足利義輝への要請は、遅くても同月の初めか、あるいは前年末頃にはおこなわれていたと考えられる。ちょうど氏真が、自身の三河進軍を表明したことにあわせてのことであったように思う。氏真の目的は、元康と和睦を成立させて、三河の情勢を沈静させることであったろう。今川家にとって対戦すべきはあくまでも織田家であったから、三河での叛乱は一刻も早く解決したかったに違いない。そのため元康を追討することはせず、和睦でよしと考えたのではなかったかと思う。

　しかし元康は、おそらく足利義輝の和睦勧告をうける前であろう、二月六日に西郡領の鵜殿家を滅亡させて、西郡領を経略した（戦今一七九一）。その直後には氏真も三河に進軍してきて、二月十六日には軍勢の濫妨狼藉《らんぼうろうぜき》の禁止を保証する禁制を小坂井八幡社（豊川市）に与えている（戦今一七九四）。氏真は前年十月に三河への進軍を表明していたものの、出陣は遅れたらしく、この年正月に「三州表御出張」について伊勢《いせ》神宮外宮に祈禱《きとう》を依頼しているので（戦今一八八六）、その時には出陣は現実のものとなっていたことがわかる。実際にも、氏真は二月には進軍してきたのであった。そして重臣の三浦真明《みうらさねあき》を大将とした軍勢を野田領に派遣して、富永城を攻撃している（戦今一八五五）。また鵜殿家滅亡に際して、鵜殿長照の子氏長・氏次は元康方に捕縛されていたが、こののちに両者と竹千代との人質交換がおこなわれている。これは氏真が三河に進軍していたことで、すんなり実現したのであろう。

将軍足利義輝の和睦勧告の行方

その後の両勢力の抗争については、永禄五年（一五六二）四月七日に今川方が野田領の富永城を攻略し、氏真は牧野成定を同城に在城させたところ、五月七日に同城を元康方から攻撃されたものの、撃退したことが知られるにすぎないが（戦今一八二七・一八五五・一七六一〜二）、野田領での攻防が繰り広げられていたことがわかる。氏真の在陣がいつまでであったのかは明確でないが、富永城攻めは二月からおこなわれていて、その時には近臣の三浦真明が大将を務めていたことからすると、この時の同城攻略は牧野らによるものであった可能性が高い。そうすると氏真は、三月頃には帰陣していた可能性が考えられる。そしてこののちしばらくは、元康と今川方の抗争は確認されず、再び抗争がみられるようになるのは七月からになる。

その間の五月一日に、北条氏康が元康方の水野信元と元康の家老・酒井忠次に書状を出して（戦今一六九二〜三）、和睦に応じるよう勧告している。このうち水野信元宛のものは、これまでは「小田原編年録」所収の写《うつし》が利用されてきた。その文面には誤字・誤写が多くみられていた。しかし同文書については、より良質の写が、水野家の子孫にあたる結城《ゆうき》水野家の伝来史料「結城水野家文書」（茨城県立歴史館寄託）のうちの「水野系譜」におさめられている。北条家・今川家・徳川家関係の史料集でも利用されていないものなので、まずはその翻刻文を掲げ、その現代語訳を示すことにしよう。

久不能音問候、抑近年対駿州（今川氏真）被企逆意之由、誠以嘆敷次第候、就其自駿府（氏真）当方出陣之儀承候間、氏康自身出馬無拠候、雖然尾州（織田信長）闇怨敵、於三州弓矢無所詮候、去年来之筋目駿・三和談念願、就中三亜相（三条西実澄）如御物語、今程得調被成下京都（足利義輝）御下知、当国も被附御内書之由、各御面目時到候者哉、松平（元康）方江有異見、早々落着候様、偏其方可有御馳走候、委細口上申含候間、令省略候、恐惶謹言、

五月朔日　　　　氏康

水野下野守（信元）殿

（現代語訳）

しばらく連絡していません。さて近年今川氏真に対して逆意を企てられているとのこと、とても残念です。それについて氏真から当方に出陣の要請があったので、氏康みずから出馬することはやむをえません。けれども織田信長が怨敵《おんてき》であることを差し置いて、三河で戦争することは意味の無いことです。昨年からの道理で駿河と三河の和睦を念願しています。とりわけ三条西実澄が言われるように、先ほど足利義輝のご命令が下され、当国（三河）にも御内書が与えられたとのこと、それぞれ御名誉の時が来たことでしょう。松平元康に意見して、早々に決着するように偏《ひとえ》にご尽力するべきです。詳しくは口上に申し含めましたので、省略します。

ここでは、氏康は氏真から援軍要請をうけていて、それに応じる用意のあることをちらつかせている。ここから氏真が、氏康に、そしておそらくは武田信玄にも、自身での出陣による援軍派遣を要請していたことがわかる。氏康は、前年に氏真から自身出陣による援軍支援をうけていただけに、この要請には応えざるをえない状況だったとみられる。三国同盟の攻守軍事同盟ぶりを顕著に認識できよう。

そのうえで氏康は、将軍足利義輝の命令であることをもとに、その和睦に応じるよう、元康を説得することを要請している。ここでの氏康は、足利義輝から御内書を与えられたことをうけて、和睦勧告にあたっているので、御内書が届けられたのは、直前の四月頃のことであったかもしれない。御内書そのものは正月二十日付けであったが、実際に関係者のもとに届けられるには、時間がかかったことが認識される。

氏康はこれと同日に、元康の家老・酒井忠次にも書状を出しているが、そこでは元康と氏真の和睦について、氏康が念願していること、和睦成立に尽力することを要請する内容で、かなり簡略である。氏康は、小田原城下に所在する鎮守社の松原神社の別当《べっとう》・玉滝坊を使者として派遣している。水野信元への書状も、同人が届けたのだろう。文面は水野宛のほうが圧倒的に詳しい内容になっているので、氏康は、元康への働きかけは水野からのものが効果的とみていたのかもしれない。

こうした状況からすると、足利義輝の和睦勧告は、元康が西郡領を経略したのちに、元康らに届けられた可能性が高い。そしてそれをうけた北条氏康が、五月に和睦を勧告していることをみると、その時点ではまだ和睦は成立していなかったとみなされる。こののち、実際に和睦が成立したかどうかは確認できない。おそらくは元康が応じず、成立しなかったと思われる。しかし六月までは、目に見える抗争がみられていないことからすると、和睦勧告には一定の効果はあったのかもしれない。

七月三日になると、元康と今川方は野田領富永・広瀬で再び合戦している。依然として元康方の野田菅沼家と今川方の抗争が続いていたとみられる（戦今一八二八）。そうしたところに十二日、吉田城近くに所在した二連木《にれんぎ》領の戸田重貞が今川方から離叛し、元康に従った（戦今一八四二）。対して二十六日に、今川方は嵩山西郷家の堂山《どうやま》城（豊橋市）を攻略した（戦今一八四七・一八五七・一八九七）。同城攻めの感状が、今川家譜代家臣の三浦土佐守《とさのかみ》に出されているので、今川家から援軍が派遣されていたことがわかる。さらに大給《おぎゅう》松平家家臣にも感状が出されているので、大給松平家が今川家に従い続けていたことも確認される。

次いで八月二十二日、今川方は西郡領大塚城も攻略した（戦今一八六六）。九月二十九日には宝飯《ほい》郡八幡《やわた》（豊川市）で合戦があり（戦今一八七四・二七六三）、十一月九日には元康が大代《おおじろ》（岡崎市）を攻撃したものの、奥平家に撃退されている（戦今一八七八〜八〇）。十二月には、大塚城主とされたとみられる今川家家臣・岩瀬家久が、城中に味方を引き入れて、敵を撃退したことが知られる（戦今一八八三）。元康が同城を攻撃したが、失敗したものであろうか。なおこの他、時期は判明していないが、この年に、大給松平家が調略によって一宮《いちのみや》城（豊川市）の端城を攻略していること（戦今一九〇四）、遠江国衆の高天神《たかてんじん》小笠原家の一族・小笠原与左衛門尉《よざえもんのじょう》が一鍬田《ひとくわだ》（新城市）で、おそらく元康方の野田菅沼家と合戦していることが知られる（戦今一九二二）。今川軍として、遠江国衆の軍勢も投入されていたことが知られ、今川家による元康への反撃は、かなり本格的にすすめられていたとみることができる。

ところでこの七月頃からの今川方の軍事行動には、氏真も出陣していた可能性もある。六月二十日付けで氏真が武田信玄（「徳栄軒」）に宛てた書状があり（戦今一七一六）、そこで氏真は七月（「初秋」）に三河に出陣する意向を示したうえで、兼《か》ねての申し合わせの通りに、信玄に援軍としての出陣を要請している。信玄はその直前の時期に帰陣したばかりであることがみえている。氏真は、連絡が遅くなったことを詫びたうえで、前年に武田家への取次担当家臣であった随波軒《ずいはけん》（もと一宮出羽守《でわのかみ》か）を使者として伝えたことに、信玄が返書を送ってきたことをうけて、在陣中にもかかわらず氏真に対して疎意《そい》のないことを認識したことを述べたうえで、信玄からの使者の定林院《じょうりんいん》に、氏真の側も差し障っていないことを伝えている。氏真と信玄は、互いの友好関係を確認しあっている。

無年号であるが、信玄の在陣はおそらく西上野《にしこうずけ》におけるものであろう。氏真の三河侵攻が想定されるのは、永禄四年から六年までの時期に限られ、五月・六月まで信玄が在陣している状況は、永禄五年に該当する。そのためこの書状の年代は、同年に比定することができる。これによれば氏真は、七月にも再び三河への侵攻を計画していたことがわかる。実際に氏真が進軍してきたことを明示する史料はみられていないが、譜代家臣や遠江国衆が進軍していることからすると、その可能性は高いとみなされる。またこの時に、武田信玄が援軍として出陣してきたのかどうかについては、この時期の信玄の動向が判明していないため、何とも判断できない。今後においてなお検討していく必要がある。しかしそうであっても、氏真がここでも三河進軍を表明していることから、氏真が本気で元康追討を図っていたことは間違いない。

ともあれこうして七月頃から、元康と今川方の抗争は再開され、引き続いて野田領・嵩山領・西郡領で攻防が繰り広げられるとともに、二連木戸田家が元康に従属する一方、元康と奥平家が交戦するなど、いわば東三河一帯で両勢力の攻防がみられたことがうかがわれる。元康と今川方との抗争の過程については、まだ十分に解明されているとは言いがたい状況にあるが、元康がなかなか今川方の反攻を撥《は》ね返せない状態にあった、とはいえるであろう。

氏真の再度の三河進軍と関東出陣

むしろ情勢は、今川家に優位にすすんでいたといってよい。そうしたなかで元康は、翌永禄六年（一五六三）三月二日に、嫡男竹千代と信長の長女・五徳《ごとく》（一五五九～一六三六）との婚約を成立させたという所伝がある（「徳川幕府家譜」『徳川諸家系譜第一』所収）。竹千代・五徳ともにまだ五歳にすぎなかった。この事実については、残念ながらまだ当時の史料で検証されていない。しかしこれが事実であれば、この時に婚約を成立させたのは、織田信長との同盟の強化をはかってのことであろう。

信長とは二年前に同盟を結んでいたものの、その間に具体的な交流などは確認されていない。そうするとそれは、停戦和睦に等しく、互いに軍事支援をおこないあうものではなかったように思われる。しかしその時点での元康にとって、今川方の反攻を撥ね返すためには、大きな軍事支援の獲得が必要であった。そのため竹千代と五徳の婚約を成立させ、織田家との同盟を、互いに軍事的に支援しあう攻守軍事同盟に変化させることを考えたのであろう。

一方の今川氏真は、四月十日に家臣に対し、「三州急用」を表明して、それまで免除していた負担について、特別に負担させることにしている（戦今一九〇八）。「三州急用」とは、氏真が三河に進軍することであり、それにともなって、それまで免除していた負担について、臨時に負担させる措置であった。それは今川家領国全体を「惣国《そうこく》」と概念化することで、その維持のために通例以上の軍事負担を強いることを正当化したものであった（糟谷幸裕「今川氏の永禄六年」）。それだけ氏真は、多くの軍勢と戦費を集めようとしたのであった。

これは氏真が、前年に続いて、再び自身で三河に進軍することを表明したものであった。氏真は、五月二十六日にも家臣に「三州急用」を名目に、それまで免除していた負担について、臨時に徴発することを命じている（戦今一九一八）。すでに氏真は、五月十二日には三河に進軍していたとみなされる。その日、宝飯郡御油《ごゆ》（豊川市）で松平軍と今川軍の合戦がおこなわれている（戦今一九二三・一九二七）。この合戦は偶然に勃発したもののようで、今川軍の先陣が後退させられたなか、氏真の旗本軍で重臣の三浦正俊が奮戦して、松平軍を撃退したという。またこの時の氏真の進軍には、遠江国衆の軍勢も動員されていたことも確認される。

この情勢をうけて、五月十四日には田峯菅沼家が、奥平家の調略によって今川家に従属してきた（戦今一九一三）。二十八日には大塚城の岩瀬家久が同城で戦功をあげている。同城への元康方の攻撃を撃退したのであろう（戦今一九二〇）。氏真の再度の出陣によって、今川方の攻勢は明らかに強まっていた。そうしたなかでみられたのが、六月に、元康の重臣であった上野《うえの》城（豊田市）の酒井忠尚《ただよし》による元康への叛乱であった（愛11一一九四）。これはおそらく、氏真の進軍に呼応しての行動であろう。今川方の攻勢をうけて、元康を見限ったものに違いない。

この時の氏真の三河進軍には、武田信玄も協力していた。信玄は元康方の誰かに、自筆で密書を出して、元康を滅亡させるための謀略として、信濃《しなの》伊那《いな》郡の国衆・下条弾正《しもじょうだんじょう》を派遣することを伝えて、元康からの使者と密談させることを指示している。もし相手が不審に思うようであれば、氏真からの書状を見せるからと伝えることを指示している（戦今一九五七）。誰に宛てたものか判明していないので、事情をよく把握できないが、信玄が氏真の元康攻撃を支援して、直接に行動していたことは間違いない。

氏真がいつまで三河に在国していたのかはわからないが、六月になると今川方の行動は確認されなくなるので、この時には帰国していたことであろう。氏真は再度の進軍によって、攻勢の展開をみせるようになっていた。また武田信玄からも元康に対する調略の協力を得ていた。それは氏真が、にもかかわらず氏真は、在陣を続けて元康をさらに圧迫することをしていない。それは氏真が、北条家への援軍として関東に出陣することになったからであった。

氏真は、同年七月二十四日には北条家への援軍として自身出陣し、月末にはその本拠・小田原(小田原市)に着陣し、八月二日に氏康が在陣していた相模大神《おおかみ》(平塚市)まで進軍している(戦今二〇〇三)。なお氏真の出陣については二十六日とする情報もある(戦今一八四二)。この時の北条家への援軍には、以前と同じく武田信玄も出陣してきていた。氏真がいつまで在陣したのかはわからないが、九月九日の時点でも、北条軍・武田軍とともに利根川《とねがわ》端に在陣していて、十月中旬に利根川の水位が下がったことをうけて、同川を渡河して上野に進軍することを予定しているから(戦今二〇〇九)、十月初め頃までは関東に在陣していたと推測される。

もっとも氏真の関東出陣は、すでに四月十四日には決まっていた(戦今一九八三)。それ以前、北条氏康・氏政父子は、越後上杉輝虎《てるとら》(謙信)から武蔵《むさし》北部・下野《しもつけ》・上野の味方国衆への攻撃をうけて、多くを従属させられてしまっていた。そのため氏康は、五月初めには反撃し、敵方になった国衆たちを攻撃することを表明した。その際に、「武田晴信《はるのぶ》(信玄)・今川氏真両将引き立て申され」と、武田信玄・今川氏真両者も自身出陣して援軍してもらうことにしたのであった。氏真はその要請をうけて、それに応えることにしたとみなされる。やはり妻の実家からの援軍要請には応えざるをえなかったのであろう。

　そうしたなかで氏真は、五月に三河に進軍したのだった。北条家の北関東への出陣は遅れて、実際に出陣がみられるのは七月のことになる。氏真はその状況をみて、五月に三河に進軍したと考えられる。しかし六月頃には、北条家から、近く出陣することが伝えられたのであろう。そのため氏真は、それ以上は三河に在陣せずに、帰陣したのだろうと思われる。氏真はいわば、三河進軍と北条家への支援のどっちつかずの状態に置かれてしまっていた、といってよいかもしれない。氏真にはやや気の毒な状況に思われる。

　しかしこれは、元康にとってはこの上ない幸運であった。ただでさえ氏真の進軍によって劣勢を強いられていたところに、酒井忠尚の叛乱をうけたのである。これに氏真がそのまま支援に出てきたら、大いなる苦戦を強いられることになったであろう。元康には運が付いていた。

そして元康は、ちょうどこの時期、六月から十月までのあいだに、実名《じつみょう》を「家康」に改名した。かつて今川義元から与えられた偏諱《へんき》を捨てたのである。そのためこれは、今川家からの自立を敢然と表明したものと考えられる。

　とはいえ戦国大名から与えられた偏諱を、その大名家と敵対関係になったからといって廃するという行為は、新たに従属した先の戦国大名家から別の偏諱を与えられる場合ならともかく、基本的にはみられない。ということはそれだけ、この時点で、家康は今川家との決別を強く表現する必要があったのであろう。また廃した「元」字に変えて上字《うえじ》にした「家」字の由来は、明確でない。けれども元康は清和源氏《せいわげんじ》の子孫を自認しており、対する今川家は清和源氏・源義国《みなもとのよしくに》の子孫であったから、今川家への対抗にあたり、義国の父・義家から採ってきた可能性が高いと思われる。

家康にとって今川家は、自らの存続を果たすためにどうしても克服しなければならない存在になっていた。そのため家康は、あえて今川家の先祖よりも遡るところに自己を位置付けることで、その意志を強く示したのではなかったかと思う。

「三河一向一揆」と「遠州忩劇」

しかし家康をめぐる戦況は、好転しなかった。永禄六年（一五六三）十月になると、それまで味方になっていた幡豆小笠原広重が敵対した。また一旦は没落していた東条吉良義昭が、東条城を奪還して敵対した。さらにこれに、有力な松平氏一族の桜井松平家・大給松平家・大草松平家などが同調した。それまで家康に従っていた勢力のなかから、多くの離叛者がでたのである。彼らは必ずしも家康に心服していたのではなく、情勢の都合で家康に従っていたにすぎなかったのだ。家康の今川家との抗争が、劣勢になってきたため、家康を見限ったといってよい。

家康はそれら敵対勢力の鎮圧に乗り出すが、その際に、諸負担を免除していた一向宗寺院にも、軍事負担を課したらしい。これは今川家での「三州急用」と同じ事態で、領国の存亡を懸けた軍事行動のため、臨時に負担を強いたのである。ところがこれに一向宗寺院が反発し、敵対した。さらには家康方に攻撃をかけてきたのであった。十一月末か十二月初めのことであった。これがすなわち「三河一向一揆」の勃発である（村岡幹生「永禄三河一揆の展開過程」柴裕之編『徳川家康』所収・柴裕之『徳川家康』など）。

しかも家康の譜代家臣のなかには多くの一向宗門徒がいたため、それらの多くが叛乱に加わってしまった。これによって家康の家臣団はたちまちに大分裂を引き起こした。家康にとってこれは、まさに存亡を左右する極めて危機的な状況となった。

しかし家康にとって幸運だったのは、ちょうどその十二月に、今川領国の遠江で、引間領の飯尾家をはじめとした遠江西部・北部の国衆が、今川家に叛乱したのである。これは「遠州忩《えんしゅうそう》劇《げき》」と称されている。叛乱は西遠江引間領の飯尾連竜から始まった。その軍勢は本拠引間城（のち浜松城、浜松市）だけでなく頭陀寺《ずだじ》城（同）にも籠《こ》もった（戦今一九七八）。氏真はただちにその追討にあたり、十二月二十日に引間領飯田で合戦している（戦今一九四七〜八・一九五二）。

しかし叛乱は飯尾連竜だけにとどまらなかった。閏十二月二十四日になると、北遠江犬居領の天野景泰・元景父子も叛乱した（戦今一九五五）。さらに明確な時期は判明していないが、蒲御厨《かばのみくりや》の高橋右近、豊田郡匂坂《さぎさか》の匂坂長能《ながよし》の一族・家臣、佐野郡幡鎌《さやはたかま》の幡鎌家の一族、周智郡《しゅうち》宇刈《うがり》の村山家、豊田郡気賀《けが》の気賀家、見付《みつけ》（磐田《いわた》市）の堀越家、二俣《ふたまた》領の松井宗恒《まついむねつね》、その同心とみられる山名《やまな》郡於保《おほ》の三和元致《みわもとむね》の一族・家臣らも、相次いで叛乱した（久保田昌希『戦国大名今川氏と領国支配』）。その他に、北遠江奥山郷《おくやまごう》の奥山吉兼《よしかね》も叛乱した（鈴木将典『国衆の戦国史』）。

これらの叛乱勢力は、北遠江から西遠江一帯に存在している状況といえ、まさに遠江国衆・領主の多くが叛乱したのであった。これを氏真が「遠州忩劇」と呼んだのも、うなずける。ただしそれら叛乱した勢力は、一家挙げてのものではなく、家中で分裂しているものも多かった。天野家では庶家の藤秀は今川方に残り、今川家から惣領職《そうりょう》を与えられた。奥山家でも庶家の定友・友久兄弟は今川方に残り、同様に今川家から惣領職を与えられた（鈴木前掲書）。松井家は、飯尾連竜の妻が松井宗恒の姉であったため、当主宗恒は飯尾家に同調したが（拙著『戦国「おんな家長」の群像』）、祖父の貞宗は今川方に残った。匂坂家・幡鎌家・三和家などでは、一族・家臣が叛乱し、惣領家は今川方に残っていた。

これらの叛乱は、三河における反元康勢力の場合と同様の理由によるものであったろう。今川家は三河進軍のために、「三州急用」として臨時の軍事負担を強いた。にもかかわらず、家康を鎮圧できないでいた。また遠く関東にも出陣があり、それらの国衆・領主には軍事負担だ

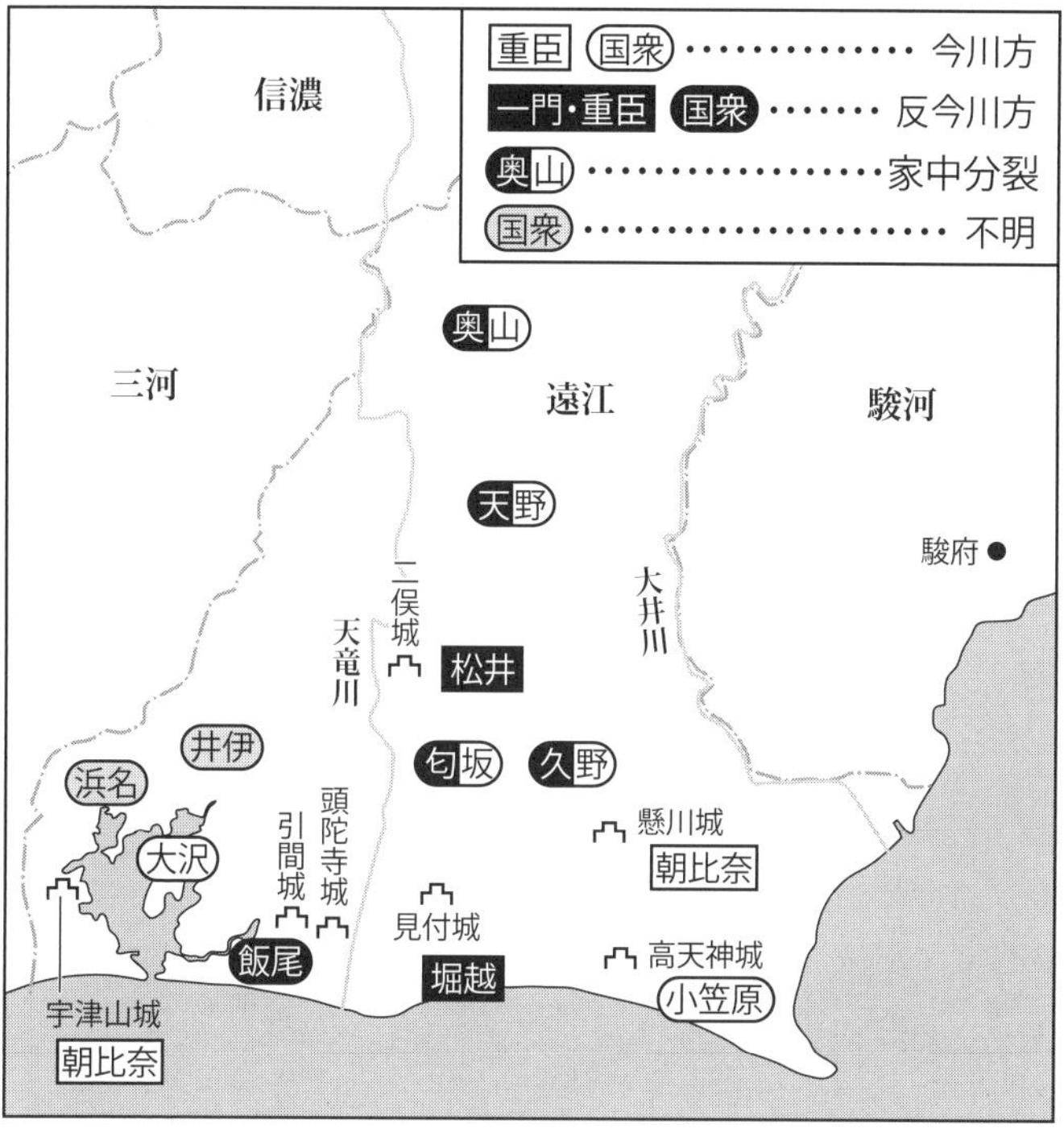

「遠州忩劇」における遠江国衆の動向。平山優『徳川家康と武田信玄』をもとに作成

けが強いられ続けていた。さらにそうした状況によって、西遠江は家康勢力との境目に位置するようになった。そのためそれぞれの国衆・領主の領国や所領で、様々な権益をめぐる紛争が表面化し、それが叛乱や家中の分裂をもたらしたことが指摘されている（糟谷幸裕「『境目』の地域権力と戦国大名」）。

ちなみにそれら叛乱勢力のうち、堀越家について、私は以前に、「花蔵《はなぐら》の乱」における叛乱と混同したもので、この時の叛乱はなかった可能性をみていた。その当時の堀越家当主氏延《うじのぶ》の所見が、その後はなくなること、氏延の嫡男と推定される六郎が、弘治《こうじ》三年（一五五七）には死去していて、その妻の山木大方《やまきのおおかた》（北条氏康の妹）とその嫡男の氏朝《うじとも》は、その時点で北条家の庇護をうけて、伊豆に居住していたことから、堀越家はすでに断絶していたと考えたためであった（拙著『戦国関東覇権史』など）。

しかし近時、平山優氏は堀越氏の逆心とその跡職《あとしき》継承を示す史料が、永禄七年五月（戦今一九八九）・同九年九月（戦今二一〇七）と「遠州忩劇」後にみられていることから、堀越氏はそれまで存続していて、叛乱の結果、鎮圧されて滅亡したと理解するのが妥当であることを、あらためて示した（『徳川家康と武田信玄』）。史料状況からみて、そのように判断するのが妥当であろう。その場合、この時の堀越家の当主は、氏延の弟の貞朝《さだとも》であったとみなされる。

氏延の嫡流はすでに北条家領国に移住していた。今川家系図として最も信頼性が高い「土

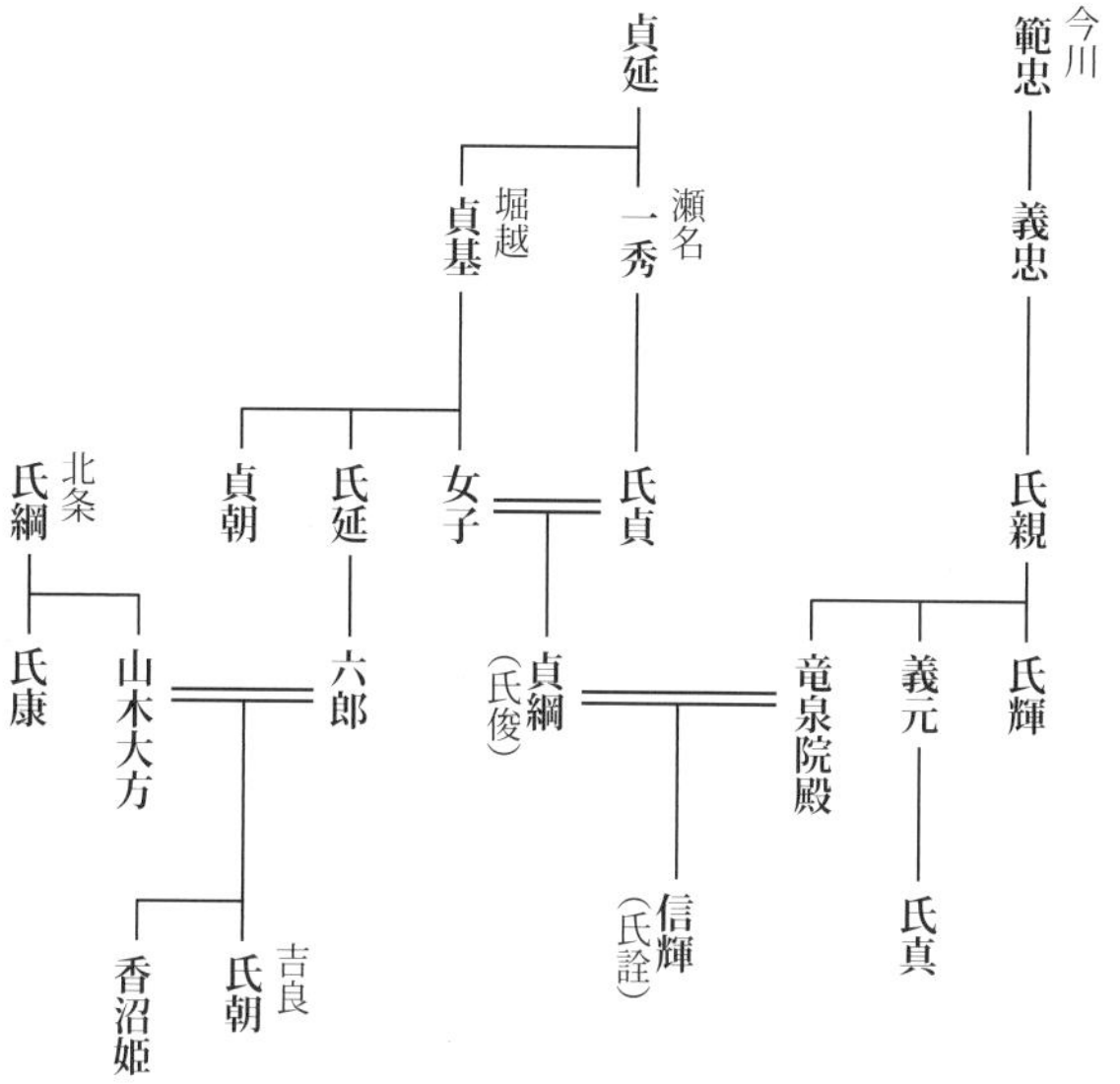

今川堀越家関係系図

佐国蠹簡《とかん》集残編」所収「今川系図」（拙編『今川義元とその時代』所収）には、氏延の弟に貞朝（新六郎）があげられて、「造意尽くし（有り）生涯（害）」と注記されている。今川家に叛乱して自害させられたと記されているのであるが、貞朝は当主ではなかったとみなされていたため、その意味についてはよく理解できないでいた。しかし氏延後の当主とみれば、貞朝がこの時に叛乱し、今川家に鎮圧されて滅亡したことを示していると理解できる。氏延が今川家によって滅亡させられたのち、その家族は北条家に引き取られ、堀越家の家督は弟の貞朝に与えられ、今川家に帰参したことが想定される。しかしその貞朝も、ここで再び叛乱したとみなされる。

この「遠州忩劇」の勃発は、同盟者の武田信玄も心配した。閏十二月六日付けで、今川家への取次を担当していた御一門衆の穴山武田信君《のぶただ》の家老・佐野《さの》泰光《やすみつ》に書状を出して、情勢を尋ねている。今川家で遠江への対処が上手くいって、大部分で今川家が壊れるような状況になったらすぐに連絡してくること、その場合にはこちらの在陣をすぐに切り上げる意向にあること、遠江国衆が叛乱しても、今川家家臣団が氏真を守備し、三河への対策も氏真の考え通りになるようであれば、こちらの在陣を続ける意向を示し、どちらでも詳しく情勢を連絡することを命じている。そして追伸では、今川家が敗北することが必至になったなら、すぐに帰陣して、今川家の回復を急ぐ意向を示している（戦今一九五一）。

信玄はこの時、関東に在陣していた。しかし遠江国衆の叛乱を聞いて、今川家の存続が危うくなるようであれば、すぐに帰陣して、氏真への支援をおこなうことを考えている。信玄が、今川家との同盟の存続をいかに大事に考えていたかがわかる。

ちなみにこの書状の解釈に関して、武田家研究者は少しことなる解釈をみせている。今川家が敗北しそうになったことをうけて、「彼の国本意を相急ぐべく候」を、信玄が駿河を経略する意向を示したものとして理解している。しかしこれは、本文に「氏真本意有るべき」とあることから、氏真が領国を回復する、維持すること、と理解するのが妥当であろう。またそれに続けて、「彼かたへ書状を越し候」とある「彼かた」を、遠江国衆と理解して、信玄がそれと連絡をとっていたと理解している。しかしここでの「彼かた」は今川方を指すと理解される。佐野泰光が連絡をとっている今川家家臣ととるのが妥当である。

ただし本文書については、本文の初めの部分の解釈が難しい。「駿州の内彼方《かなた》の調《ととの》え然《しか》るべき様《さま》候《そうろう》て、過半駿の内相破れるべき様に候わば」を、先のように解釈したが、内容が上手く繋《つな》がっていない。私としては、前の文章は「然るべからず様」とあったのではないかと考えたいところである。本文書は写本でしか伝えられていないので、原本の発見を期待しておきたい。正確な解釈はそれを待つ以外にないように思う。

いずれにしても、この時点で信玄が駿河経略を考えるようになった、という理解は、のちの動向に引き摺《ず》られたもののように思う。信玄はまだ、駿河経略を考えるようになってはいなかったとみるのが妥当と考える。

家康の三河統一

このように永禄六年（一五六三）十二月から、今川家領国で「遠州忩劇」がおきた。家康にとってこれは、幸運以外の何物でもない。家康は自身の領国で叛乱をうけていたところであった。もし今川家がその叛乱勢力支援のために進軍してきたら、家康の存立が維持されたかはわからなくなったことであろう。しかし今川家は、「遠州忩劇」によってそれらの鎮圧にあたらなければならなくなり、三河に進軍する余裕はなくなってしまった。これにより家康は、国内の叛乱勢力の鎮圧に専念できることになった。家康の強運さが認識される。

そして永禄七年正月から、家康は一向宗勢力への攻撃を展開した。一向宗勢力やそれに与同した敵対勢力は、それぞれ籠城戦を基本にしていて、決して岡崎領に侵攻してくることはなかった。それらの勢力は、家康に叛乱したものの、それを打倒することまでは考えていなかった。今川家から支援をえられないと、家康に正面きっては対抗できなかったのである。そのため家康としては、個別に攻略していくという戦略をとることができた。

まず二月末から三月初めにかけて、水野信元の仲介によって一向宗寺院との和睦が成立した。水野信元は母方の伯父にあたるものの、三河刈谷・尾張緒川両領を統治する国衆で、織田家に従属する存在であった。その信元が岡崎領に出陣してきて、一向宗寺院との和睦の仲介にあたるとともに、その後では西三河南部に進軍して、敵対勢力の攻略をすすめてもいる。信元の立場からして、織田信長の承認なしに家康の領国に進軍することはできなかったであろうから、これはいわば、織田信長からの援軍派遣と認識することができる。

和睦の条件は、寺院存続を保証することであったようであるが、中心的な三ヶ寺に対しては本願寺教団からの離脱を求めたらしい。しかしこれに三ヶ寺は反発したため、それらについては国外追放の処置がとられた。家康の譜代家臣であった者も、帰参した者もいれば、帰参することを受け容《い》れずに国外に退去した者もあり、必ずしも家臣団が元の通りに再生されたのではなかった。続けて四月七日には、幡豆小笠原広重を降参させてあらためて従属させた（愛11三六〇）。また桜井松平家次・大草松平昌久・東条吉良義昭らも四月頃には降伏させたとみられていて、いずれも国外に退去させた。

こうして家康は、四月頃までには、叛乱勢力の大部分について鎮圧を遂《と》げた。その一方、二月二十七日には作手領の奥平定能を従属させている（戦今一九六六）。三河の叛乱勢力のうち、一向宗勢力との和睦を成立させたことをうけて、家康は今川方勢力の経略をもすすめたのであった。奥平家としては、「遠州忩劇」によって今川家の三河進軍が絶望的になっていたなか、家康による敵対勢力への攻勢をみて、自家の存続のため家康に従属するのが得策と考えてのことであったと思われる。

一方の今川家は、二月十八日に飯尾方の市野砦《いちのとりで》を攻撃して、その端城を攻略し（戦今一九七七）、二十四日に引間で飯尾家と合戦して、飯尾家攻略をすすめていたが（戦今一九六九～七六）、いまだ攻略できないでいた。家康はその飯尾連竜と連携することを図って、四月八日にそれと対面するとともに、その際に初めて遠江に侵攻して、鷲津《わしづ》本興寺《ほんこうじ》（湖西《こさい》市）を攻撃している（戦今二一〇一）。続けて五月十三日に二連木領の戸田重貞を従属させた（戦今一九八六）。戸田重貞は、二年前の同五年七月に家康に従属してきていたが、その後に今川家に従属していたとみなされ、ここで再び家康に従属してきた。また五月十四日には、西郡領大塚城の岩瀬河内守《かわちのかみ》（家久の一族）が服属してきて、大塚郷を安堵している（戦今一九八七）。家康の今川方への経略は、着実に進展をみていた。

そして家康は、六月下旬には、家老の酒井忠次や本多広孝に、今川家の東三河支配の拠点である吉田領・田原領を与えて、同領への経略を開始している（愛11三七七・戦今一九九六〜七）。七月二十四日には、大給松平親乗《ちかのり》（一五一五〜七七）を従属させていることが確認される（愛11三八五）。さらに九月には酒井忠尚も降参し、国外退去したとみられている（村岡前掲論文など）。こうして家康は、叛乱勢力すべての鎮圧を遂げた。それだけでなくその過程で、奥平家・二連木戸田家・大塚岩瀬家・大給松平家など、今川方の経略をとげ、さらには吉田城・田原城攻撃を開始するほどに、勢力を伸張させた。

家康にとって、「三河一向一揆」は大きな試練であった。しかし今川家の三河進軍が不可能という幸運のもと、その鎮圧を遂げることに成功した。しかもそれにともなって、他の松平氏一族や、西三河での有力者を、すべて譜代家臣として編成することに成功した。それだけでなく、国衆の作手奥平家らを従属させるというように、国衆を従属させる存在になった。これは、すなわち、家康が戦国大名権力として成長してきたことを意味した。大きな試練を克服することで、さらに大きく成長したのであった。

その結果、永禄七年が終わる頃には、家康に従っていない三河の勢力は、今川家の三河における支配拠点であった、吉田城・田原城・牛久保城だけになっていた。家康は、すでに前年の六月に、吉田領については酒井忠次に、田原領については本多広孝に与えることにしていた。おそらくはそれぞれを中心に、経略がすすめられたことであろう。

対して今川家は、遠江国衆の鎮圧については、二月から二俣領の支配をおこなっているので、それまでに二俣松井家を経略したことがうかがわれる（戦今一九六三〜四）。また五月までに堀越家を滅亡させたとみなされるので、その頃には飯尾家以外については、叛乱を鎮圧していた可能性が高いと思われる。しかし他方で、六月には家康から宇津山《うづやま》領（湖西市）への経略がすすめられていた状況がうかがわれ（戦今一九九四）、九月には堀江城（浜松市）が家康方から何度も攻撃されていることが知られる（戦今二〇一四）。「遠州忩劇」を完全に鎮圧できていないなかで、家康から遠江まで攻撃されるようになっていた。そうして十月二日までに、ようやくに飯尾連竜を従属させ（戦今二〇一五）、「遠州忩劇」の鎮圧を果たしている。

とはいえ、そこで滅亡したのは堀越家と松井家だけといってよく、飯尾家はそのまま存続が認められ、天野家・奥山家などでは、叛乱した惣領家に替わって庶家に惣領職を与えるかたちがとられた。基本的にはほとんどの国衆・領主は存続を認められるという結果であった。それでも氏真にとって、一年近く続いた叛乱を鎮圧できたことの意味は極めて大きかった。これにより遠江を領国として維持できたからである。しかしその代償も大きかった。西遠江は戦乱により荒廃したであろうから、その復興に取り組まなければならない。本来であれば、すぐさま三河に進軍して家康方になった国衆を、再経略しなければならないところだったが、「遠州忩劇」の鎮圧によって、その軍事的余力は残っていなかったであろう。しかもその間に、家康によって三河国衆・領主の経略を大幅にすすめられてしまった。さらには三河支配の拠点であった吉田城・田原城まで攻撃されるようになった。氏真による家康への反撃はみられず、逆に家康は攻勢を強めていた。

翌永禄八年正月二十日に、家康は吉田領を攻撃し、合戦している（戦今二〇二五）。その頃には明確に攻撃をすすめていたことがわかる。そして具体的な経緯は判明していないものの、二月初めの時点では吉田領・田原領の両領はともにまだ今川方にあったが（戦今二〇二七〜八）、三月十一日には、酒井忠次が林十右衛門に吉田領の地を安堵していて（愛11四一二）、同月十九日には服属してきた牟《む》呂兵庫助《ろひょうごのすけ》らに、今川方の吉田城代・大原資良《おおはらすけよし》と申し合わせたうえで、所領の給与を確約している（戦今二〇三二）。こうしたことからすると、この頃には家康方が吉田城・田原城をともに攻略し、吉田領・田原領の経略を遂げたと考えることができるであろう。

そして前年の約束通りに、吉田城には酒井忠次を城代として、吉田領の統治を管轄させ、田原城には本多広孝を城代として、同様に田原領の統治を管轄させた。すなわち一定領域の統治を管轄する、領域支配を担わせるものであった。もっともその内容については、これまで十分には解明されてはいない。しかしこのことによって、家康の領国支配が、それまでとは次元を異にするものになったことは確実にいいうる。そもそも吉田領と田原領は、今川家の三河統治において、領域支配を展開する支城領として位置していた。家康はそれを踏襲したのである。

それまでの家康の領国支配は、本拠の岡崎城から一元的におこなわれるというものであった。それが吉田領と田原領を併合したことで、家老を城代に据えて、それに領域支配を管轄させることになったのである。すなわち支城領の展開である。家康もまた、支城領制を採用したのであった。そしてこれにともなってさらに、家臣団の軍事編成をおこなった。この時点で、家康の家臣団は、旧来の譜代家臣だけでなく、別家をなしていた「国衆」(三河の有力家臣にあたる)や松平氏一族をも加えて構成されるようになっていた。本来は岡崎松平家と同格であった「国衆」と松平氏一族は、譜代家臣と等しく家臣団に編成された。

そのうえで吉田城代の酒井忠次に東三河の「国衆」と松平氏一族を、家老の石川家成《いえなり》(一五三四～一六〇九、のちに甥の数正《かずまさ》〈一五三三か～九二か〉に継承)に西三河の「国衆」と松平氏一族を、それぞれ軍事指揮下に置かせるという、家臣団の軍事編成を構築した。酒井や石川は、それぞれにおいて「寄親《よりおや》」という立場についた。その役割は、軍事行動における軍事指揮だけでなく、家康からの命令を伝達し、それを監督する役割をも担っていた。家康による家臣団統制は、この二人の寄親を通しておこなわれるものとなった。ここにも家康の政治権力が、それまでにおける国衆としてのものでなく、多くの家臣団を統制する大名権力としてのものに、変化したことをみることができる。

これにより家康が、三河でまだ経略できていないのは、牛久保城だけになった。そのうえで十二月、再び引間城の飯尾連竜を調略しようとしたらしい。これが事実かどうかは判明しないが、氏真は飯尾連竜の謀叛と認識し、十二月二十日に駿府屋形の二の丸に所在したという飯尾家屋敷を襲撃し、連竜とその家臣一一六人を切腹させた（戦今二七六七）。そして引間城攻撃をすすめ、二十四日に攻撃し、二十五日に攻略したとみなされる（拙著『戦国「おんな家長」の群像』）。この飯尾家討伐については、当時の史料では永禄九年四月に「去年飯尾豊前守成敗」とみえているにすぎない（戦今二〇八七）。しかし『武家事紀』（山鹿素行先生全集刊行会本刊本）「浜松御在城日記」（『浜松市史史料編二』所収）の記述により、以上のようにみることができる。

なお落城の際には、飯尾連竜妻（松井宗信娘）は、当主不在になっていた飯尾家を主導し、攻城軍に交戦して、侍女一八人とともに討死したことが伝えられている。ちなみにこの所伝については、永禄十一年の徳川軍による侵攻の際のこととして伝えられているが、その時には飯尾家は滅亡しているので、明確な誤りである。飯尾連竜が処罰された直後のこととみるのが妥当である。

飯尾家が滅亡すると、家康はその家老であった江間泰顕《えまやすあき》・時成を、酒井忠次・石川数正によって調略し（戦今二〇七四）、永禄九年二月十日には進退を保証する起請文《きしょうもん》と判物《はんもつ》を与えている（戦今二〇七七～八）。ところが氏真も両人の調略をすすめて、四月二十一日に引間領内で所領千貫文を与えている（戦今二〇八五）。さらに同日から、引間領支配を開始しているから、氏真が同領を確保し、以後は直接支配下において統治したことがわかる（戦今二〇八四）。こののち氏真は、西遠江の井伊《いい》谷《のや》領や宇津山領に「徳政」をおこなうなど、西遠江について復興をともなう領国支配を展開していくことになる（拙著『井伊《いい》直虎の真実』）。こうしたことで氏真は、家康への反撃を展開できない状態になっていた。

「徳川家康」の誕生

家康は永禄九年（一五六六）五月九日に、ついに牛久保牧野成定を服属させ、所領を安堵した（愛11四九四）。これにより家康は、三河一国（ただし高橋郡域の織田家領国を除く）の領国化を遂げた。すなわち三河一国を領国とする戦国大名権力へと成長したのであった。

もっとも「遠州忩劇」の際に、牛久保城とともに今川方として存在したものに、長篠《ながしの》城があった（戦今二一三八）。八名郡の鈴木重時・近藤康用が長篠城に兵糧を搬入したり、牛久保城に在城する軍勢を送迎するなど、維持に努めたようである。最後に今川方として残ったのが牛久保城であったのは確からしく、「三州において一城相踏み」とある「一城」は同城のことと思われる。近藤はそこに在城して奔走したという。そうするとそれ以前に、長篠城は攻略されたのだろうと思われる。また同十年八月の時点では、鈴木・近藤は三河での所領を失っていたらしく、氏真から引間領で替え地を与えられているので、牛久保城攻略にともなって、三河から退去して、遠江に移住するようになっていたと思われる。

氏真は、前年に引間城を攻略して以降、軍事行動をほとんどみることができない。わずかに永禄十一年八月に、陣触れしてどこかに出陣しようとしたことが知られるにすぎない（戦武一三〇七）。この軍事行動は、同年九月に「新城取り立て」ていることからすると（戦今二一八八）、三河に対して「新城」を築城するものであったと思われる。この「新城」について具体的には特定されていないが、三河国境付近であったと思われる。家康からの侵攻に備えようとするものであったろう。

また家康も、牛久保城攻略後は、しばらく軍事行動をみせていない。同城攻略によって、三河の領国化を遂げたことで、軍事行動を控えたのかもしれない。家康はそれこそ、永禄四年三月に今川家からの独立を図って以来、軍事行動続きであった。その途中では、家臣による大規模な叛乱も生じたこともあった。そのため家康は、その後は領国支配の整備に専念することにしたように思われる。あるいは永禄九年から同十年は、全国的にも大飢饉《だいききん》であった。そのため氏真も家康も、軍事行動ができなかったのかもしれない。

ともあれ三河一国の領国化にともなって、家康の政治的地位は、三河の統治者、いわゆる「三河国主」となった。それまでの家康は、三河岡崎領を領国とした国衆という存在であった。そのため他者からは「岡崎」と、本拠地名で称されていた。しかし「三河一向一揆」の鎮圧戦を通じて、それまでは同等の立場であった作手領の奥平家など他の国衆を従属下におくようになったことで、戦国大名権力へと展開し、そしてついに三河一国の領国化を遂げたことで、それからは「三州」と、国名で称されるようになる。それこそが国主の地位を表現するものであった。

そして家康は、この政治的地位を中央政界の政治秩序に反映させることを図った。この時期、室町幕府将軍は不在であった。前年五月に足利義輝は三好家に殺害されていたためである。しかし直後から、その弟の一乗院覚慶《いちじょういんかくけい》（のち足利義秋《よしあき》・義昭、一五三七〜九七）がその政治勢力の継承を表明し、入洛《じゅらく》への協力を畿内近国の大名・国衆に呼びかけた。家康もその一人で、その年の十一月に、覚慶の近臣・和田惟政《わだこれまさ》に、入洛の際は従軍することを返事している（愛11四五八）。すでに家康が、幕府から独自の政治勢力として認識されていたことがわかる。

覚慶から還俗《げんぞく》した足利義秋は、同九年七月にも上洛を図った。その時には、従軍する大名として、美濃《みの》一色義棟《いっしきよしむね》（斎藤竜興《さいとうたつおき》）・尾張織田信長にならんで、「三河」と、家康の名があげられている（愛11 五〇五）。ところがこの時の上洛計画は、信長が一色家との抗争を優先したために沙汰止みになり、足利義秋は越前朝倉義景《えちぜんあさくらよしかげ》を頼って越前に赴くのであった。義秋の上洛が実現していれば、家康はそのもとで国主の身分に相応《ふさわ》しい政治的地位を獲得できたことであろう。しかしこの将軍候補は、当面、政治世界から遠ざかってしまった。

そのため家康は、将軍家の姻戚として幕府内でも重きをなしていた、公家筆頭の摂関家・近衛前久《このえさきひさ》（一五三六～一六一二）を頼って、朝廷に叙位・任官、さらには苗字の改称を要請するのであった。そして十二月二十九日に、朝廷から、従五位下《じゅごいげ》の位階と、三河守の受領名《ずりょうめい》を与えられた（愛11 五三五）。ただし実際は、翌年正月三日に勅許《ちょっきょ》されている（愛11 五四一～二）。ここで家康が任官した三河守は、「三河国主」の政治的地位を表明するに適当な官職であった。本来ならば、幕府から守護職に任命されるのが最も適切であったが、当時は将軍は不在であったため、それに匹敵するものとして、領国の受領名を獲得したのであった。

そしてこれと同時に、苗字を松平氏から徳川氏に改称した。松平苗字は、国内に数多く存在していて、それらはすべて家康の家臣になっていた。そのため家康は、家臣と同じ苗字を称するかたちになっていた。しかしそれでは彼らとの政治的地位の違いが明確にならない。そのため自身のみ、苗字を改称することを考えたのであろう。そして採用した苗字が、徳川であった。

これは祖父清康《きよやす》が、一時期、清和源氏新田氏流の世良田《せらだ》苗字を称していたことにちなんだものであろう。徳川（得川《とくがわ》）氏と世良田氏は、新田氏同族であった。

ただし本姓は、それまで称していた源姓から、「藤原」に改姓することになった。叙位任官の申請を、藤原氏の近衛前久から申請してもらったことで、その氏人（藤原氏の一員）として叙位任官をうけたという体裁がとられたためであった。そのため家康は、この後しばらくは藤原姓を称するものとなった。家康は本来は、世良田苗字への改称を望んでいたとみられるが、世良田氏の嫡流筋の得川氏は、藤原姓に改姓していた。そのため徳川苗字が選択されたとみなされている（岡野友彦『源氏長者』）。

こうして家康は、ここに「徳川三河守家康」と名乗ることになった。叙位任官および苗字改称を近衛家の申請によっておこなったことは、将軍不在のため、家康としても苦肉の策であったろう。しかしこれにより家康は、新興の三河の戦国大名家に相応しい身分的地位の獲得を果たしたのであった。

第三章

今川家滅亡

氏真と武田信玄との確執

家康が三河統一を果たした永禄《えいろく》九年（一五六六）五月以降、家康と氏真の抗争は小康状態になった。互いの敵対姿勢は変わっていなかったが、具体的な抗争は展開されていなかった。情勢が変化するのは、それから二年後の永禄十一年十二月、家康が遠江《とおとうみ》に侵攻したことによった。これは家康が、武田信玄《たけだしんげん》と同盟を結んでのことであった。それと同時に、信玄も今川家の本国である駿河《するが》への侵攻を開始した。それは信玄から今川家との同盟を破棄したものであった。

今川家と武田家は、それまで婚姻関係を媒介にした攻守軍事同盟を結んでいた。天文《てんぶん》六年（一五三七）からのものだったので、足かけ三〇年におよぶ、長期のものであった。それがついに破棄されたのである。原因は、武田義信《よしのぶ》事件にあった。

この事件は、永禄八年十月に、武田信玄の嫡男義信が、父信玄に対して謀叛《むほん》事件を企てたものの、それが発覚し、義信は甲府東光寺に幽閉され、事件の主謀者として家老の飯富虎昌《おぶとらまさ》が自害させられた、というものになる。ただし具体的な経緯や日時についてはいまだ明らかになっていない。わかっているのは十月十五日に飯富虎昌が自害していることだけである。そして義信は、その後は東光寺で幽閉され続け、二年後の永禄十年十月十九日に死去する。

事件の理由についてはいまだ判明していない。その背景について、これまでは今川家に対する外交方針をめぐる対立が有力視されていた。すでに信玄は今川家領国の経略を考えるようになっていたと考えられてきた。そうしたなか直前の九月に今川家には怨敵《おんてき》にあたる織田信長から、養女・竜勝寺殿《りゅうしょうじでん》（美濃《みの》苗木《なえぎ》遠山直廉《とおやまなおかど》娘）と信玄四男の諏方《すわ》勝頼《かつより》（のち武田勝頼、一五四六～八二）との結婚が申し入れられ、事件後の十一月に婚儀がおこなわれたと伝えられていることから、義信事件はその結婚阻止のタイミングでおこなわれた、と推測されてきた。そして義信の死去をうけて、今川氏真は信玄に対して敵対姿勢をとっていくことになる。そうしたことから、信玄と義信の間に、今川家への外交方針をめぐって対立があった、と想定されてきた。

信玄がそれ以前から、今川家に対して敵対の意思を持つようになっていたとされてきたのは、先に取り上げた弘治《こうじ》元年（一五五五）や永禄六年の書状などによっていた。しかしそこで検討したように、あらためて検証してみると、そのように解釈することはできない、と考えられた。

それでも織田家との同盟形成が、武田家と今川家の関係悪化をもたらしかねないものであったことは確かと思われる。ただしそれについても、信玄は、その直前の永禄八年四月頃に、信長とも敵対関係にあった美濃一色《いっしき》家（もと斎藤家）との抗争のなかで、東美濃で直接に衝突する情勢が生まれていたため、信長と同盟を結んだにすぎなかった。その性格は、停戦和睦であったとみなされる。

さらに同年十一月、幕府将軍候補の足利義昭《あしかがよしあき》（当時は覚慶《かくけい》）が、入洛《じゅらく》を表明して近辺の大名・国衆《くにしゅう》に協力を要請するが、そこでの最有力者が織田信長であった。先に触れたように、その呼びかけには家康も応じた。また信玄も応じたとみなされている。これにより信玄と織田信長は、足利義昭を支持する政治勢力として立場を同じくすることになった。しかしだからといって、信玄が今川家との絶交を考えていたことにはならない。信玄はその翌年に、同じく足利義昭に協力する姿勢を示した美濃一色義棟《よしむね》（いわゆる斎藤竜興《たつおき》）とも、同盟を結んでいるのである（典拠史料の年次について、拙著『武田信玄の妻、三条殿《さんじょうどの》』では永禄八年として扱ったが、木下聡『斎藤氏四代』が明らかにしている通り、同九年とするのが正しい）。

信玄は、対立していた織田家・一色（斎藤）家の双方と同盟を結んだのであり、したがって決して信長に味方する立場になったのではなかった。信玄としては、信長と同盟を結んだ後においても、引き続いて越後《えちご》上杉輝虎《うえすぎてるとら》との抗争を最重要課題に据えていて、信長や一色（斎藤）

家との同盟は、それに専念する状況を作り出すためのものであったと考えられる。したがって信長との同盟が、今川家への敵対を想定したものではなかったことは確実であり、それゆえ義信事件が、今川家との外交方針の対立から生じたとみることはできない。

義信事件の背景については、ほかに、武田家中における守旧派と新興派の対立、いまだ家督を譲られていなかったことによる義信の不満という想定、その年から永禄十年春にかけて、全国的に飢饉《ききん》状況に見舞われていたという当時の社会状況、などがあげられている（それぞれの詳細は前掲拙著を参照）。しかしいずれにしろ義信謀叛の本当の理由については、いまだ明確にならない。ただこれまでもっとも有力視されてきた、今川家との関係をめぐる問題については、むしろ可能性は低いと考えられる。

では氏真と信玄は、どのような経緯で対立するようになったのであろうか。動きをみせたのは氏真であった。事件から二年経った永禄十年八月に、氏真は駿河駿東《すんとう》郡の国衆で御一家衆であった葛山氏元《かずらやまうじもと》に、甲斐《かい》への塩荷通行を停止させたのである（戦今二一四二）。甲斐は内陸部なので、生存に不可欠の塩を今川家領国や関東から輸入していた。甲斐郡内には駿東郡から塩が移入されていた。それを氏真は停止したのである。これは現代風に言えば経済封鎖にあたるので、ここで氏真は信玄に敵対姿勢を示したことになる。

この塩荷通行停止が、信玄への敵対姿勢を意図したことによるものか、あるいは領国内での他の理由からのことであったのかはわからない。しかし結果として、信玄との関係の悪化をもたらしたことは確実であろう。そうしたところ二ヶ月後の十月十九日に、武田義信が幽閉されたまま死去した。これまで、義信は信玄によって自害させられたと考えられてきた。江戸時代前期成立の良質の系図・軍記史料に、そのように記されているからである。世間ではこれを自害と認識したことがわかる。しかし実際には、義信の葬儀の仏事香語《ぶつじこうご》（前掲拙著に収録）によって、病死であったことがわかっている。幽閉中に病気になり、死の直前に謹慎を解除され、そのまま死去した、というのが真相とみなされる。

信玄は、義信を二年におよんで幽閉し続けた。しかしその間、義信を明確に廃嫡することはせず、義信に代わる新たな嫡男を立てることもしていない。信玄が義信をどのように処置しようとしていたのかはわからない。幽閉を続けたのは、新たな嫡男の擁立と今川家との新たな婚姻関係について、良案が得られなかったためと考えられる。信玄は、その間も貞春尼《ていしゅんに》を甲府に居住させ続けているので、今川家との同盟解消を考えてはおらず、むしろ継続する意向にあったとみなされる。

義信について何らかの処置をとるにしても、その廃嫡は免れないであろう。義信を廃嫡すれば、新たな嫡男を立てることになる。その場合、貞春尼とは離縁になるので、そのままでは今川家との婚姻関係は断絶し、同盟関係も解消されてしまう。同盟関係の継続のためには新たな婚姻関係を結ばなくてはならない。しかしその条件が見当たらない状態にあった。氏真には妹は貞春尼しかおらず、また娘は産まれたばかりぐらいの幼少にすぎなかった。武田家の新たな嫡男と結婚できる適任者がいなかったのである。唯一とりえたのは、貞春尼を新たな嫡男と再婚させることであった。それに氏真が同意するかどうかにかかっていたことであろう。

義信死去を知った氏真は、信玄に、貞春尼の帰国を要請した。おそらく氏真は、義信死去を、世間と同じく、信玄の命令による自害と認識し、そのことをもって信玄は今川家との関係断絶に舵《かじ》を切ってきた、と受けとめたことであろう。これを踏まえて氏真は、信玄への対抗策をとっていく。その最初の行動が、貞春尼の帰国要請であった。貞春尼の帰国により、今川家と武田家との婚姻関係は断絶し、ひいては両家の同盟関係も解消につながる。氏真は明確に、武田家との同盟解消を視野におさめていたと考えられる。いまだ家康と抗争状況にあるなかで、信玄とも敵対関係に入ることは、氏真にとって負担が大き過ぎよう。しかしそうせざるをえないほど、氏真は、義信を死去させた信玄の行動を容認できなかったのであろう。

今川貞春の帰国

氏真が貞春尼の帰国について、信玄に要請した時期は判明していない。おそらく義信死去後すぐのことであったろう。当初は、直接に要請したであろうが、信玄はそれを拒否した。今川家との同盟解消を避けたかったためであろう。そこで氏真は、共通の同盟者であった北条氏《ほうじょううじ》康《やす》・氏政《うじまさ》父子に仲介を依頼した。その経緯については、翌永禄十一年（一五六八）四月十五日付けの今川家家老三浦氏満《みうらうじみつ》（氏員《うじかず》の子）・朝比奈泰朝《あさひなやすとも》連署書状（戦今二一七四）に、

> 甲州新蔵（貞春尼）帰国の儀、氏康父子申し扱われ候処《そうろうところ》、氏真誓詞《せいし》これ無く候《そうら》わば、覚悟に及ばざるの由《よし》、信玄申し放され候条、捨て置かるべき義にあらざるの間、その意に任せられ候、要明寺《ようめいじ》を指し越され候時分に、相互に打ち抜き有る間鋪《まじ》きの旨《むね》、堅く申し合わされ候、

とみえている。貞春尼の帰国について、氏康父子が仲介したところ、氏真から同盟継続の起請《きしょう》文《もん》が出されないと承知できないと信玄が主張したので、無視することはできないとして、要求通りにすることにし、要明寺（上杉家の使者）が使者として派遣されてきた頃に、互いに攻め込まないことを誓約しあった、というものである。

すなわち、信玄からは、貞春尼の帰国を認める代わりに、氏真からあらためて同盟を継続するとの起請文の提出を求められた。氏真は、これを無視できないと考えて、要求通りに起請文を出すことにし、越後上杉家から要明寺が使者として派遣されてきた頃に（詳細は後述）、そこ

で、互いに攻め込まないことを誓約した起請文を交換したことがわかる。

これをうけて貞春尼は、駿河に帰国することになった。信玄としては、それは渋々のことであったに違いない。義信との間に生まれた娘も、それに同行したとみなされる。帰国について、江戸時代前期の成立で徳川家の歴史書である『武徳編年集成』は、十一月十九日のこととしている。しかし帰国は、実際には翌同十一年二月二十一日に、北条家領国の伊豆三島に到着しているので（戦今二一六五、「御新造」と記される）、年明け後の二月のことであったことが判明している。そうすると『武徳編年集成』が伝える十一月十九日というのは、氏真が帰国を申し入れした日にあたるか、双方で起請文交換して帰国が合意された日にあたっているのかもしれない。そして甲斐で雪が少なくなった二月下旬（現在の三月下旬）に、帰国がおこなわれたとみることができるであろう。しかも貞春尼は、北条家領国を経由していることから、帰国は北条家に取り計られたことがわかる。北条家は両家の中人《ちゅうにん》（仲介者）を務めたから、同盟継続の条件も北条家が管轄したことがわかる。

こうして貞春尼は、永禄十一年二月頃に、駿河に帰国した。夫であった義信の死去から、四ヶ月後のことであった。この時、二七歳くらいであったと推測される。なおこの年齢であれば、まだ他に再嫁するということも不可能ではなかったであろう。しかし彼女は、その後は他者に再嫁することはなかった。これが氏真の意図であったのか、貞春尼自身の意図であったのかはわからない。

そして彼女は、その後に出家することになる。しかしその時期についても明らかになっていない。出家が確認されるのは、晩年にすぎない。出家の時期がいつであったのかにより、その後の彼女のあり方についての認識は大きく違ってくる。しかし現在は、そのことを検討する材料すらない。娘がいたものの、その成長は確認されていない。娘を養育していたならば、出家することはなかったように思う。もしかしたらその娘が早くに死去し、それをうけて出家したのかもしれない。

氏真と上杉輝虎の盟約

ところが氏真は、武田信玄と同盟継続を確認しあったものの、その交渉と同時期の、永禄十年（一五六七）の冬（十月から十二月）に、越後上杉輝虎との同盟交渉を開始するのであった。これについてはこれまで、氏真の側から上杉輝虎に働きかけたとみられていたが、近年、丸島和洋氏によって、上杉輝虎から働きかけたものであることが指摘された（「武田氏から見た今川氏の外交」大石泰史編『今川義元』所収）。また氏真と上杉輝虎の同盟交渉過程については、長谷川弘道氏が詳しく検討している（「永禄末年における駿・越交渉について」）。

両者の通信が確認される最初は、永禄十年十二月二十一日に、氏真が上杉輝虎に書状を出しているものになる（戦今二一五八）。それによると、上杉輝虎から、父の義元《よしもと》の時の縁によって、使者として要明寺が派遣されてきた。義元の時の縁というのは、かつて弘治元年（一五五五）のいわゆる第二次川中島《かわなかじま》合戦で、義元が武田家と上杉家（当時は長尾家）の和睦を仲裁したことにあたる。そして輝虎から、今後はとりわけ申し合わせよう、すなわち同盟を結ぼう、ということが申し入れられてきた。

この氏真の上杉輝虎宛の書状は、輝虎からの書状に返書したものになる。輝虎からの使者がいつ駿府《すんぷ》に到着したのかについては、永禄十年の冬という以外はわからない。しかし先に触れたように、その要明寺が到着した頃に、氏真は信玄と同盟継続の起請文を交換していた。そうすると輝虎は、武田義信死去をうけて、今川家と武田家の関係が悪化すると見通して、迅速に氏真に働きかけてきたとみなされる。輝虎の戦略眼には並ならぬものが感じられる。

そして氏真は、その後に輝虎からの申し入れについて検討したことであろう。そしてその結論は、受諾であった。氏真は輝虎に、申し入れ内容について、「勿論《もちろん》」と返答した。これは信玄に対する、明確な背信行為であった。さらにこれは、中人を務めた北条家父子にも伏せられた秘密事項であったと思われる。

氏真は、輝虎宛の書状を作成し、家老の三浦氏満と朝比奈泰朝に副状《そえじょう》（主人の文書に副えて家来が出す文書）を出させて、それらを上杉家に届けさせる使者として、遊雲斎永順《ゆううんさいえいじゅん》という人物を送った。上杉家からの使者の要明寺に同行させたものであろう。それが到着したのは、年を越して永禄十一年に入ってのことであったろう。そして今川家の使者の帰国に同行するかたちで、輝虎から再び使者が送られてきた。

それへの氏真の返書は残っていないが、上杉側での担当取次《とりつぎ》家老の直江景綱《なおえかげつな》・柿崎景家《かきざきかげいえ》に宛てて四月十五日付けで出された、三浦氏満・朝比奈泰朝連署の副状と、使者の遊雲斎永順の書状が残っている（戦今二一七四〜五）。三浦・朝比奈の副状では、あらためて貞春尼帰国と信玄との同盟継続の経緯が伝えられ、そのうえで、信玄が「表裏《ひょうり》」してきたら、すぐに連絡することを述べている。また永順の書状では、信玄が「表裏」するのは時間の問題であると述べて、その際にはすぐに連絡すること、さらに上杉家に対して武田家から計策の書状などが寄越《よこ》されてきたら、すぐに連絡して欲しいことを述べている。こうして氏真は、上杉輝虎との同盟交渉を開始した。ちなみにその同盟が成立するのは、十一月下旬のことになる。

家康と武田信玄の連携

興味深いのは、今川氏真が上杉輝虎と通信を重ねている最中に、家康もまた輝虎との同盟を図っていることである。永禄十一年（一五六八）三月十三日に、上杉家家老の河田長親《かわだながちか》が、家康家老の酒井忠次・石川家成に返書を出している（愛11 六四四）。そこでは、家康から使者が送られてきて、とりわけ上杉家と申し合わせたいという申し出を喜ばしいとしたうえで、今川家との関係について（「駿州・貴州御間の儀」）、問い合わせしている。家康が上杉家に使者を送った時期はわからないが、三月に上杉家からの返書が出されていることからすると、それより一、二ヶ月前のことであったろうか。

家康が上杉家との同盟を図ったのは、氏真攻撃のためであったことは確実であろう。氏真と輝虎が、前年冬から同盟交渉を開始するようになっていたことを、知ってのことかどうかはわからない。ともかくも氏真と家康は、ともに上杉輝虎に同盟を働きかけるようになっていた。もっとも家康の場合、上杉家との同盟については、この後は消極的になっている。この時の上杉家からの返書に返事を出すのは、何と一年近く経ってからのことになる。家康にそうさせる事情の変化があったとみなされる。

それはおそらく、足利義昭の上洛準備の具体化と、それにともなうであろう織田信長と武田信玄の同盟強化、であったろう。足利義昭はこの時、越前《えちぜん》に滞在していたが、七月に、信長と越前朝倉義景《あさくらよしかげ》とのあいだで義昭上洛について合意が成立する。そして八月に義昭は越前を出立して美濃に入り、九月に信長は義昭を擁して出陣し、上洛を遂《と》げる。この時、家康にも動員がかけられたが、今川家への対応のために、家康自身は出陣できなかったためであろう、家臣が派遣されている。

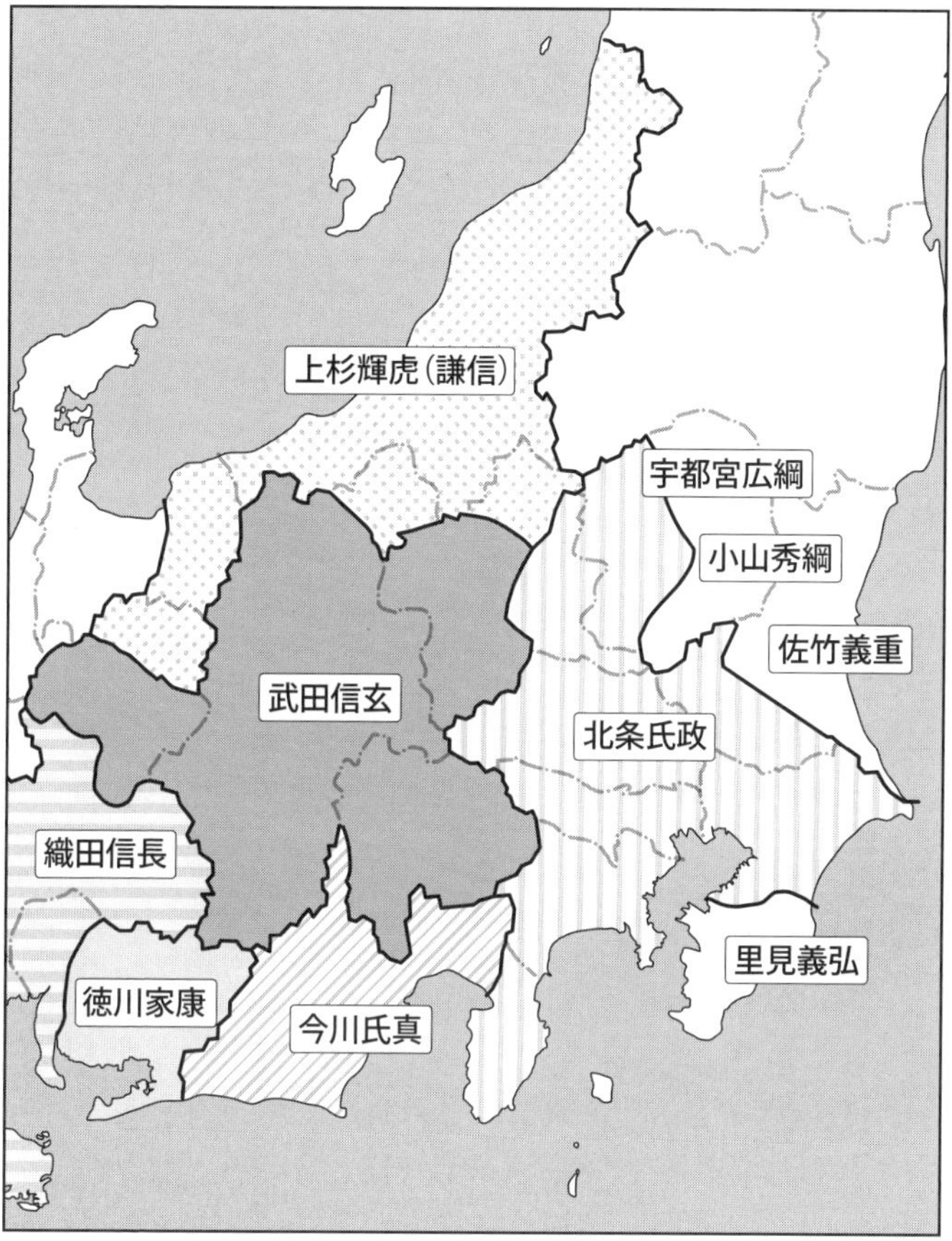

永禄11年末の大名勢力図

この信長の上洛にあわせて、武田信玄との同盟が強化されたと思われる。すでに信長と信玄のあいだでは、信長養女の竜勝寺殿と信玄四男の諏方勝頼との結婚がおこなわれていた。しかしその結婚は、信長では養女、信玄では庶子とのあいだにすぎず、とても大名家を代表するものとはいえなかった。そのため両者は、あらためて嫡流筋での結婚をはかったと考えられる。それが信長嫡男の寄妙丸《きみょうまる》（のち信重・信忠、一五五七〜八二）と信玄五女の松姫《まつひめ》（一五六一〜一六一六）との婚約であった。この婚約は、元亀《げんき》元年（一五七〇）には成立していたことがわかっている。そうすると婚約が取り決められた時期としては、この頃の可能性が高いように思う。

そしてその際にあわせて取り決められたのが、今川家攻めの申し合わせであった。信長と信玄は、「駿遠両国（今川家領国）」について「子細を契約した」（上Ⅰ六一〇）。それはすなわち、両者で今川家領国を経略する申し合わせであった。ここに信玄は、氏真との同盟破棄を決意したとみなされる。その時期については判明していないが、すでに四月の時点で、今川家では、信玄との敵対は時間の問題と観測していた（戦今二一七五）。八月には、今川家で陣触れが出されたことについて、武田家ではひどく警戒している（戦武一三〇七）。甲府留守の諏方勝頼は、駿河国境を守備する親類衆の栗原伊豆に、「駿陣触れ」のその後の情勢について連絡を求めている。今川家の軍事行動が、武田家に向けられることを懸念していた様子をうかがえる。

こうした状況からすると、七月までには、信玄は信長と今川家領国攻めを取り決めた可能性が高いと思われる。おそらくそれまでに、氏真が上杉輝虎と同盟交渉を開始したことも摑んでいたことであろう。信玄は、「駿・越申し合わせ、信玄滅亡の企て」を図ったと、そのことを理由にして、やがて今川家領国への侵攻を開始するからである（戦今二二〇八）。そもそも上杉輝虎は、永禄七年から信長と同盟関係にあった。足利義昭は上洛に際して、輝虎にも協力を要請していて、そのために数度にわたって、輝虎と武田信玄・北条氏政との三大名和睦を要請していた。永禄十一年においても三月に強く要請していた（上Ｉ五九六～九）。

家康が輝虎に同盟を働きかけたのは、ちょうどそのような時期のことになる。おそらく、輝虎と足利義昭の遣り取りのなかで、輝虎が氏真に同盟を働きかけたことが伝えられていたかもしれない。それが信長に伝わり、さらに家康にも伝えられた可能性は、十分に想定できるように思う。この時期、氏真と家康は、信長・信玄・輝虎とのあいだで、目まぐるしいまでの外交戦略を展開しあっていたのだった。

信長と信玄のあいだで、今川家領国を経略することが取り決められたとはいえ、信長は実際にはそこに進軍できなかった。そのためその役割は、家康に委ねられたと考えられる。それをうけて家康は、信玄と同盟を結ぶことになる。その時期は判明していないが、両者は十二月にともに今川家領国への侵攻を開始することから、その一、二ヶ月前には、家康と信玄のあいだで、種々の取り決めを申し合わせた起請文が交換されたことであろう。

その内容については判明していないが、その後の経緯をもとに、今川家領国の経略は互いに切り取り次第とすること（丸島和洋「武田信玄の駿河侵攻と対織田・徳川氏外交」）、互いに裏切らず騙さない（平山優『徳川家康と武田信玄』）、という内容が含まれていたと考えられている。そしてその「契約の証拠」として、家康から信玄に、家老筆頭の酒井忠次の娘が人質に出された。その他、家康の異父弟の久松勝俊《ひさまつかつとし》（康俊）もこの時に人質として送られたと推測されている（平山前掲書）。

ところで両者の今川家領国への侵攻に関して、あらかじめ「川切り」による領土分割が取り決められていた、とする見解がある。これは江戸時代成立の史料にみえていることから、これまでそのことは信じられてきた。しかし当時の史料をもとにした検討により、そうした取り決めがされていた形跡はなかったことが明らかになっている。そこでは家康も信玄も、ともに「手柄次第」（経略したものがその後の統治をおこなう）とされていて、信玄が遠江を経略することも、逆に家康が駿河を経略することも、互いに了解し合っていたことがわかっている（丸島前掲論文）。

ここで注意すべきは、信玄から人質は出されていないことである。対等の戦国大名同士の盟約の場合は、互いに人質が出される。それがこの場合では、家康からだけ出されているにすぎない。これは信玄が格上で、家康は格下にあることを意味した。信玄は、家康のことを、「信長の意見に従う人」と認識していたのであった（戦今二三二二）。信玄にとって対等の政治関係にあったのは信長で、家康はその配下にある存在とみなしていた。だから信玄は、家康を対等には扱わなかったのである。

家康もそれを受け容れているので、家康としてもそれに甘んじなければならない状況にあった、とみなされる。家康はこの時、三河一国の戦国大名にすぎなかった。対して信玄は、甲斐・信濃《しなの》・西上野《にしこうずけ》三ヶ国の戦国大名で、その実力には大きな差があった。これから今川家領国に侵攻するにあたって、家康の独力では不可能であり、信玄との協同がどうしても必要であった。それゆえ家康は、信玄の扱いに我慢するしかなかったに違いない。

他方、氏真と輝虎の交渉に関しては、十一月二十五日に、家老三浦氏満・朝比奈泰朝が、柿崎景家・直江景綱に起請文を出していることが知られる（戦今二一九七）。輝虎から使者として要明寺が派遣されてきて、輝虎が信濃に出陣すること、今後において互いに「抜き公事《くじ》」（騙すこと）しないことが申し入れられてきた。今川家ではそれらに同意し、両者はその内容を誓約する起請文を作成している。おそらく同時に、氏真から輝虎に宛てた起請文も作成されたことであろう。またこの時の使者によって、輝虎から氏真への起請文、直江・柿崎から三浦・朝比奈への起請文が届けられていたことであろう。

こうして氏真は、輝虎と起請文を交換して、同盟を成立させた。そこでは輝虎が武田家領国の信濃に侵攻することが取り決められた。おそらくは氏真も、それにあわせて甲斐に侵攻することにしたであろう。しかも氏真と信玄のあいだでは、十一月三日には両国を結ぶ通路は封鎖されている（戦武一三二七）。すなわち国交断絶である。それは開戦間近の状況を意味した。こうなると、家康・信玄による今川家領国への侵攻と、氏真・輝虎による武田家領国への侵攻と、どちらが早いかの競争の様相になった。結果は、家康・信玄が早かった。信玄は十二月六日に、駿河への侵攻を開始した。氏真と輝虎の同盟が成立したからには、一刻の猶予もならないという認識だったかもしれない。

家康の遠江進軍と氏真の懸川城籠城

そして家康も、永禄十一年（一五六九）十二月十七日に、今川家領国の遠江への侵攻を開始した。この遠江への侵攻過程については、近年に確認された「科註拾塵抄《かちゆうしゆうじんしよう》」奥書《おくがき》（戦今二七六七）という史料によって詳しく知ることができるようになっている（海老沼真治「武田・徳川氏の今川領国侵攻過程」柴編『徳川家康』所収）。

それによると家康は、十二月十七日に遠江に侵攻し、引間《ひくま》（浜松）領東方の、天竜川に近い端和《はしわ》（浜松市）に進軍した。二十一日に遠江東部の馬伏塚《まむしづか》城（袋井市）の国衆・小笠原氏興《おがさわらうじおき》が従属し、出仕してきた。これをうけて遠江国衆のほとんどが、家康に従属してきた。実際にも

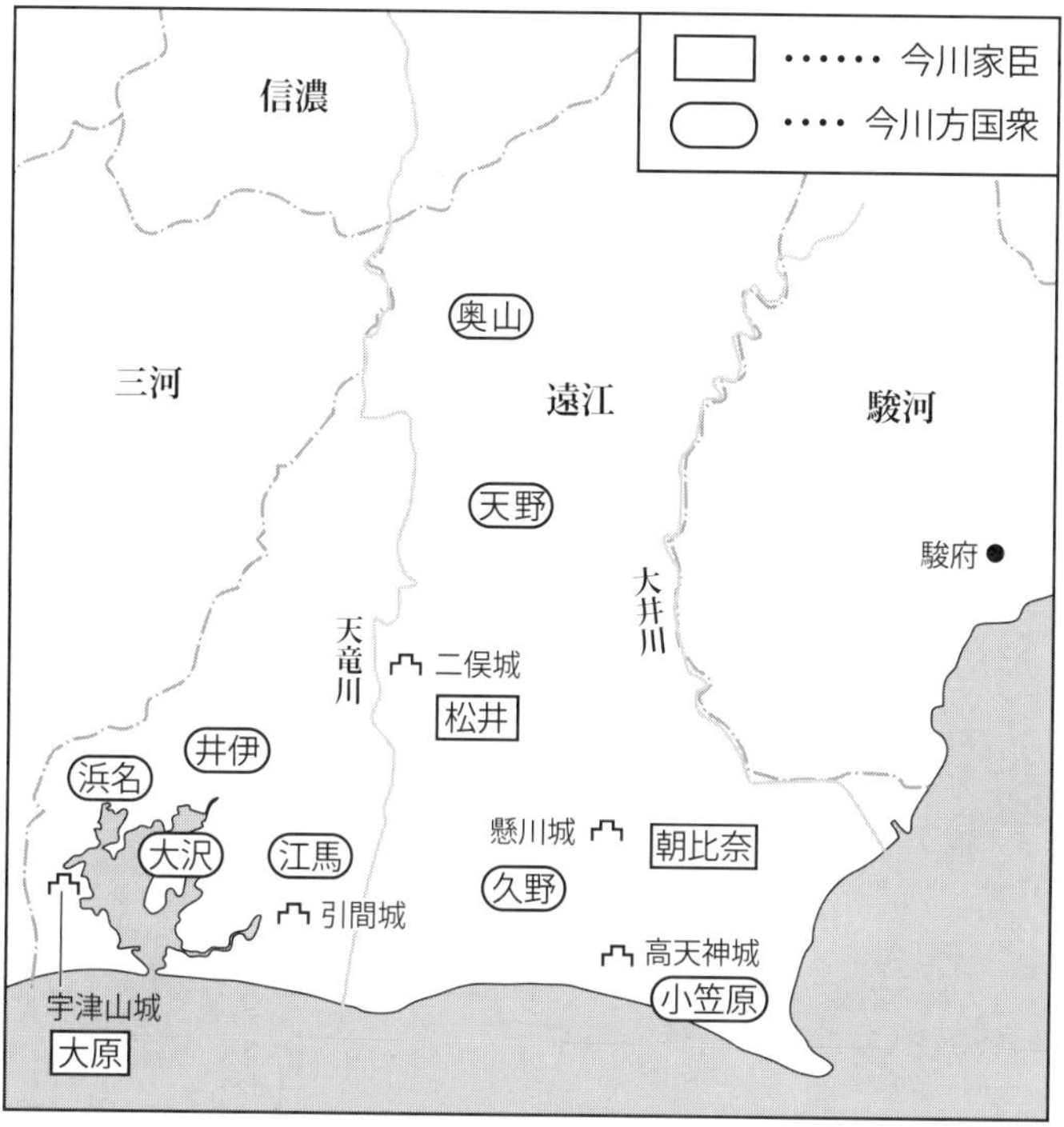

永禄11年末～永禄12年初頭の遠江の今川方。平山優『徳川家康と武田信玄』をもとに作成

二十日に匂坂吉政《さぎさかよしまさ》に、二十一日に久野宗能《くのうむねよし》に、二十六日に二俣《ふたまた》城在城衆の鵜殿氏長《うどのうじなが》らに、従属をうけて本領を安堵《あんど》している（戦今二二一一～二・一九～二〇）。そのため今川方として残ったのは、家老朝比奈泰朝の懸川《かけがわ》城と、家老大原資良《おおはらすけよし》の宇津山《うづやま》城（湖西《こさい》市）のみという状況になった（ただし、その他に堀江城・犬居《いぬい》城もあった）。これをうけて家康は二十七日に、天竜川を越えて不入斗《いりやまず》（袋井市）に進軍した。同所は懸川城とは川を挟んだ対岸に位置した。

ただし家康の進軍は、信玄の進軍から十一日ほども遅れている。通常は、協同で侵攻する場合には、同日の侵攻を申し合わせるのであるが、ここで家康の側が大幅に遅れている理由はわからない。もしかしたら信玄の侵攻が、急に取り決められたもので、それが家康に連絡されたものの、家康の側では準備を調えるのに手間取ったのかもしれない。家康は出陣に先立つ十二日に、遠江に在所していた菅沼忠久《すがぬまただひさ》・近藤康用《こんどうやすもち》・鈴木重時に、遠江井伊谷《いいのや》領経略を先導するとの申し出をうけて、同領などを所領として与える約束をしている（戦今二二〇〇～一）。家康は遠江衆に調略をかけたうえで、満を持して出陣した。

家康が遠江に侵攻した時にはすでに、懸川城には、本拠の駿府から退去してきた今川氏真が在城していた。氏真は、十二月六日に武田軍が駿河に侵攻してきたことをうけて、重臣庵原《いはら》氏（安《あ》房守《わのかみ》とされるが誤り）を大将とした軍勢を派遣し、十二日に武田軍が富士上方の内房（富士《ふじの》宮《みや》市）に在陣すると、今川軍は薩埵《さった》山《やま》（静岡市）に在陣して、迎撃の姿勢をとった。氏真も駿府を出陣して興津清見寺《おきつせいけんじ》（同）に着陣した。

ところがあらかじめ信玄から調略をうけていたらしく、侍大将二十一人が武田方に寝返った。そのため氏真は、抵抗できないと考えて、駿府に退陣する。武田方に寝返ったものには、御一家衆で駿東郡の国衆葛山氏元《かずらやまうじもと》（北条氏康の妹婿）、御一家衆の瀬名氏詮《せなうじあき》（のち信輝、母は義元の姉、氏真の従弟《いとこ》）、家老の朝比奈右兵衛大夫《ひょうえのだいぶ》（のち駿河守信置《するがのかみのぶおき》）など、家中の錚々《そうそう》たるメンバーがいた。それらの面々が離叛《りはん》したとなれば、もはや抵抗は不可能であった。

氏真は十三日、武田軍が侵攻してきたため、家族や近臣らをともなって駿府を脱出した。そうして十五日には、家老朝比奈泰朝が在城する遠江懸川城に到着し、同城に籠《こ》もることにした。こうして駿府は陥落、武田軍に占領されてしまった。しかし氏真は、すでに武田軍の侵攻をうけて、早川殿《はやかわどの》の実家である北条家に、支援の要請をおこなっていた。その援軍が武田軍を撃退することを頼りに、それまで遠江で抵抗することを考えたのであろう。北条家も、氏真から援軍要請をうけるとすぐに、援軍を派遣した。十二日には北条氏政自ら小田原を出陣し、軍勢は駿東郡に進軍しており、十四日には、武田方の最前線になっていた薩埵山と対峙する蒲原《かんばら》城（静岡市）に、軍勢を籠もらせている。

北条家には、信玄からも味方に誘う書状が送られてきていた。しかし氏康・氏政は、それを一顧だにせず、氏真への加担を決めている。十二日に氏政が出陣しているのであるから、氏真からの支援要請をうけると直ちに出陣したとみてよい。いわば即決であった。おそらくそれは、氏真と信玄の同盟継続の仲介をおこなったにもかかわらず、信玄がそれを一方的に、しかも事前に連絡もなく破棄したからであろう。こうした信玄の行為は、いわゆる「中人」としての面《めん》子《つ》を潰すものであった。面子を潰されることは名誉を損害されたことになるので、こうした場合、名誉を回復するために、損害した側を攻撃する。氏康・氏政は、そうした社会通念通りの行動をとったのであった。

それだけではなかった。駿府を脱出した今川氏真・早川殿一行は、懸川城に退去したが、その際に早川殿は、乗り物に乗ることもできず、徒《かち》で移動したという。このことを聞いた氏康は、翌永禄十二年の正月二日付けの書状で、「愚老息女（早川殿）は乗り物を求め得ざる体、此《こ》の恥辱雪《すす》ぎ難く候」（戦今二二二八）と激昂している。そしてこのことは、早川殿をそのような目にあわせた武田家への怒りとして、同家に向けられていくのである。

氏真も、家康・信玄への抵抗を諦めてはいない。懸川城に退去したのちも、正月二十一日に西遠江堀江城の大沢基胤《おおさわもとたね》・中安種豊《なかやすたねとよ》に、同城を維持して忠節をはたらくよう要請している（戦今二二二三〜四）。二十九日には犬居城の天野藤秀に、同様に同城維持を要請している（戦今二二二五〜六）。ただしその頃には、武田軍の別働隊である、秋山虎繁《あきやまとらしげ》率いる軍勢が、信濃から犬居領に侵攻していたとみなされている。さらに家康から従属を働きかけられていたと推測されるので、氏真の書状が届いた時には、天野は家康に従属することを決めていた可能性が高い。

また正月二十五日には上杉輝虎に書状を送って、懸川城への退去を報《しら》せるとともに、北条氏康・氏政との同盟を要請している（戦今二二一八）。しかもそこでは、輝虎と申し合わせたのに、信玄の横合いにより、「大途伐り組む模様」があることを述べて、以前からの申し合わせをうけて、支援してもらえるよう要請している。前年十一月に起請文を交換して同盟を成立させていたにもかかわらず、輝虎からすぐの支援が得られない状況にあったらしい。その理由が、信玄の横合いによる、「大途伐り組む模様」であった。事情は明確でないが、その後の二月八日に、将軍足利義昭と織田信長が信玄の要請を容《い》れて、輝虎に信玄との和睦を要請することを踏まえると（上Ⅰ六五五〜六）、同様のことがすでにおこなわれていて、そのため輝虎は明確な態度を示さなくなっていたのかもしれない。

ここで氏真は、輝虎に北条家との同盟を要請している。北条家は、前年の信玄の駿河侵攻をうけて、すぐに上杉家に同盟を打診した。通信開始に手間取ったものの、十二月十七日には連絡がつくようになっている。そして上杉家からは、年末か翌年初めには、同盟交渉開始のための条件が提示されている。北条家がそれに同意したことで、両家の同盟交渉は本格的に開始される。その際に、氏真が輝虎に働きかけしていることは重要である。北条家と上杉家の同盟交渉は、今川家と上杉家の同盟関係に乗っかるかたちで開始されたといいうる。

そして懸川城には、北条家からの援軍も到着した。十二月二十八日に海路で派遣されてきた（戦今二二二六）。その軍勢を率いていたのは、北条家家老の大藤秀信《だいとうひでのぶ》・清水康英《やすひで》父子・太田十郎、重臣の板部岡康雄《いたべおかやすかつ》らであった。彼らは大身《たいしん》家臣であるとともに、それぞれ一軍を率いる存在であった。それらが四人も派遣されてきたのである。とはいえその人数について、氏真は味方勢力に対しては千人余と伝えているが、実際には三〇〇人余であった（戦北一一三六）。しかも派遣に際して、もし討死しても遺領の継承を保証しているから、彼らは戦死覚悟での援軍であった（戦北一一二九～三〇）。

家康は、不入斗に着陣すると、すぐに懸川城攻略に向かい、同城に対して付城を三ヶ所構築した。翌十二月二十八日には同城近辺の西郷城（掛川市）を攻撃したことが知られる（戦今二二九四）。それは付城構築にともなうものであったろう。しかし懸川城の攻撃は、すぐには開始していない。他方で、従属してきた犬居領の天野藤秀に、永禄十二年正月二日に本領を安堵している（戦今二二二九）。犬居領には、前年末には、秋山虎繁率いる武田軍の侵攻がみられていたと考えられる。その武田軍は十二月二十九日に、見付《みつけ》近辺で徳川軍と衝突していた（平山前掲書）。

それについて家康は、信玄に激しく抗議した。それに対する信玄の返書が、永禄十二年の正月八日付けで出されている（戦今二二三四）。家康は信玄に対し、秋山軍の進軍は、信玄が遠江経略を図るものだ、と疑念を示した。それは家康が、天野の従属をすすめていたなど、すでに遠江の大半の経略を遂げていた実績をもとに、遠江は徳川家が領国化したという認識にあり、そのため武田軍の行動を、遠江経略をはかるものとして非難したのであろう。もっとも家康と信玄との今川家領国経略についての取り決めは、先に触れたように、互いに経略したところを領有する、「手柄次第」であった、とみなされる。したがって信玄が遠江に軍勢を派遣したとしても、何ら問題はなかった。しかし家康はここで、信玄が遠江経略を図ること自体を非難しており、あたかも経略の取り決めが「国切り」であったかのような態度をとっている。こうしたところは家康のしたたかさを感じさせる。

信玄は、駿河経略を優先させるためであろう、家康との関係悪化を回避し、家康の主張を容れて、秋山軍を退陣させた。そのうえで家康に、懸川城攻撃を要請している。興味深いことに、信玄はその翌日に、その経緯を織田信長に連絡している（戦今二二三五）。氏真が懸川城に籠《ろう》城《じょう》したので、同城を攻撃して決着をつけたいと考えていたのに、家康が信玄に対して疑心を持つようになったので、信玄は遠江に進軍するのを遠慮していることを伝えている。おそらくは信長から家康に意見してもらうことを狙ってのことであろう。

信玄の立場としては、秋山軍の進軍は懸川城攻めのためであった。しかし家康としては、すでに懸川城への攻撃準備をすすめていたなかでのことであり、そのなかで武田軍によって同城を攻略されてしまっては、遠江の領国化は覚束《おぼつか》なくなる。そのため家康は、激しく信玄に抗議したと考えられる。

そして家康が懸川城攻撃を開始するのは、それから一〇日以上経っての、正月二十一日のことであった（戦今二二六六。なお戦今二二六三には「廿日《はつか》」とあるが「一」が脱落したものだろう）。すでに懸川城は徳川軍に包囲され、氏真は籠城戦の展開を余儀なくされた。それはいわば、家康と氏真の最初で最後の直接対決となった。

懸川城開城

さて家康は、武田信玄と協同して、今川家領国への侵攻を開始したのであったが、それから一ヶ月も経たないうちに、信玄とのあいだに不協和音が生じるようになっていた。家康と信玄は、この事態をうけて、永禄十二年（一五六九）二月に、あらためて起請文を交換することにした。二月十六日には家康の起請文が信玄に届けられ、これをうけて信玄から家康への起請文が出された（戦武一三六七～八）。

しかしその直後、両者のあいだで新たな外交問題が生じた。駿府近辺の安倍山で蜂起していた今川方と、武田家は和睦を結んで人質交換したということがあった。これを知った酒井忠次は、武田家家老の山県昌景《やまがたまさかげ》に抗議し、それについて弁明する書状が、同月二十三日に酒井に宛

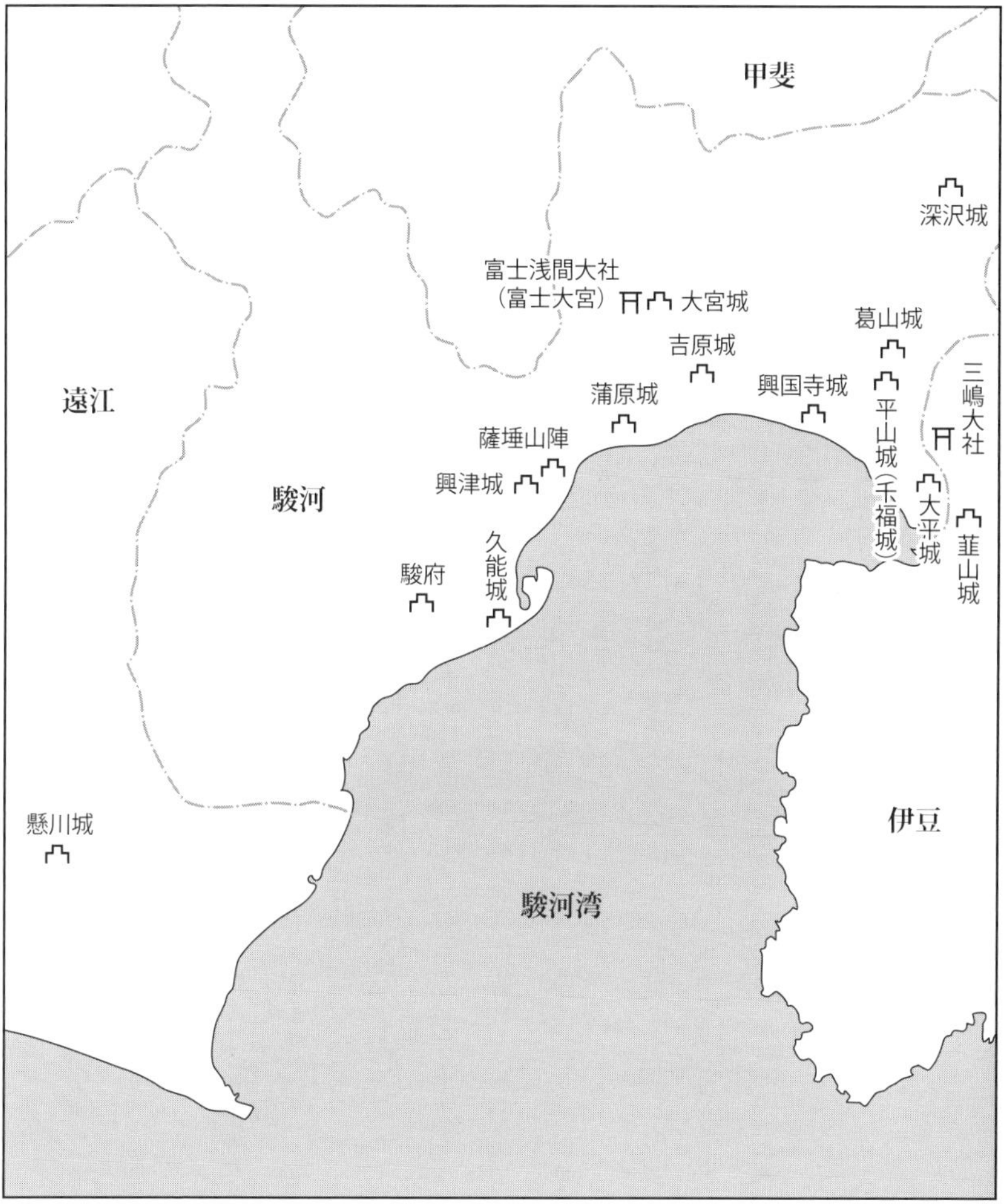
甲斐
深沢城
富士浅間大社
（富士大宮）
大宮城
葛山城
吉原城
三嶋大社
遠江
蒲原城
興国寺城
平山城（千福城）
薩埵山陣
興津城
大平城
駿河
韮山城
久能城
駿府
懸川城
伊豆
駿河湾

駿河・伊豆関係図

てて出されている（戦今二二八〇）。そこで酒井は、その行為を「最前の首尾相違」（以前の取り決めへの違反）として抗議したことが記されている。その内容は、互いに今川方と勝手に和睦しない、というものであった、と考えられる。

この頃になると、信玄は北条軍の攻勢のため劣勢になっていた。二月六日に、北条軍は武田軍の最前線拠点であった薩埵山陣を攻略して、逆にこれを最前線拠点としていた。武田軍は興津城に後退してそれを前線拠点として、以後は興津川を挟んで対陣が続く状態になっていた。駿府後方の安倍山での今川方の蜂起も、そうした北条軍の優勢をうけてのことであった。そうした状況は、今川方を勢いづけたらしい。先に家康に従属した犬居領の天野藤秀が、氏真に連絡してきたらしく、それをうけて氏真は、二月二十四日に天野藤秀に忠節を賞して所領を与えている（戦今二二八一）。二十六日には遠江「山中筋」で奔走している鱸《すずき》尉に、所領を与えている（戦今二二八六）。

それと同日に、氏真に同行していた今川家御一家衆の瀬名《せな》尾張守《おわりのかみ》元世《もとただ》と小鹿《おしか》右馬助《うまのすけ》元詮《もとあき》が、堀江城の大沢基胤らに書状を出して、懸川城を維持していること、北条軍などの進軍で武田軍が退陣したと伝えて、宇津山城と協力して堀江城を維持するように励ましている（戦今二二八七）。なおそのなかで、北条軍のほか、安房里見《さとみ》家と越後上杉家も進軍してきたように記している。北条家はこの時、両家に同盟を打診しているにすぎない状況であったが、今川方ではそれをすでに味方になったように装って、連絡していることになる。

ちなみに発給者の瀬名元世と小鹿元詮の系譜的位置は判明していない。ともに今川義元から偏諱《へんき》をうけているので、それぞれ御一家衆の瀬名家・小鹿家の庶子にあたっていたとみなされる。嫡流家は「氏」を与えられたからである。瀬名元世は、受領名を称しているので、世代は瀬名氏俊《うじとし》（貞綱）と同世代とみなされ、貞綱の叔父氏達の子にあたるであろうか。小鹿元詮はまだ官途名《かんとめい》を名乗っているので、嫡流の民部少《しょう》輔の弟か、その叔父慶千世の子にあたるであろうか。今川家御一家衆の庶子の系譜関係については、ほとんど解明されていない。今後の検討課題であろう。

一方の家康も、自身はようやく二月から懸川城攻撃を開始した。しかし氏真が、堀江城の大沢らを鼓舞し、これに刺激されて、堀川・刑部《おさかべ》・気賀《けが》（浜松市）で在地勢力が呼応して蜂起した。さらに懸川城の東方でも、在地勢力が蜂起し、懸川城を包囲する徳川軍に抵抗した（戦今二七六七）。家康は順調に遠江経略をすすめていたかにみえたが、ここにきて思わぬ抵抗をうけることになった。

そうしたなかで家康とその家老・石川家成は、二月十八日に上杉輝虎の家老・河田長親に書状を送っている（戦今二二七七〜八）。これは前年三月に河田から送られてきた書状に返事したものになる。一年近くも返事を出していなかったのに、このタイミングで返事を出しているのには、大いに意味があろう。内容は、輝虎から尋ねられていた今川家との抗争状況と、近いうちに懸川城を攻略する意向を連絡したものである。何か働きかけるような内容ではない。そうすると家康は、輝虎との友好関係の構築を図ろうとして、返書を出したと思われる。武田側がその直前までに相次いで背信行為をしていたことを踏まえると、家康は早くも武田家との同盟を見直すことを考えるようになっていたのではないか、と思われる。

そしてそのことが、懸川城への対応を考え直させたのではないかと思う。家康は三月に入ると、今川氏真とそれを支援する北条氏政と、和睦交渉をすすめるのである。氏真と氏政としても、家康の攻撃を凌《しの》げないと判断して、和睦を選択したと思われる。これまでは、信玄が契約違反行為をしてきたのであったが、ここにきて家康は、自らも契約違反をおかす。和睦交渉の開始時期は判明していない。「松平記」は三月八日に氏真に和睦を申し入れたことを記している（静7三六五八）。しかしこのことについて、いまだ当時の史料では確認できていない。ただし三月二十三日には、和睦交渉がおこなわれていたことが確認されるし、そのことを信玄が把握していたこともわかっている（戦今二三二二）。

信玄は三月二十三日に、織田信長家臣で取次担当であった市川十郎右衛門尉《えもんのじょう》に書状を出している。信玄が家康のことを、「信長の意見に従う人」と述べているのは、ここでのことになる。そこでは、氏真が没落したことで、遠江がすべて家康（「岡崎」）の領有になったことについて異議はないことを伝える一方で、家康が氏真（「懸河《かけがわ》」）と和睦の交渉（「和睦の扱い」）をしていることについて、不審を示して、信長の見解を問うている。信玄としては、家康は信長の配下にある存在と認識していたので、氏真との和睦交渉も信長が指示しているのではないかと勘ぐって、そのことを問い質《ただ》したのだろうと思われる。

　これにより家康が、これ以前から氏真および北条氏政と和睦交渉を開始していたことは間違いない。信玄としては、とても容認できる事態ではなかった。しかしこの時の信玄には、為す術《すべ》はなかった。そのため信長から家康に働きかけてもらって、事態の好転をもたらそうと思ったのである。信玄はそれに続いて、「信玄にとって、現在は信長を頼るほかに、味方がいない」と述べている。これは信玄の本音であったろう。しかし信長は、家康に意見しなかった。それについては家康の判断を尊重したと考えられる。そのため信玄にとって情勢は好転せず、信玄は甲斐への退路を断たれることを恐れて、興津城・久能《くのう》城（静岡市）の守備を固めたうえで、四月二十四日に甲斐に帰国するのであった。

　もっともこの頃には、氏真が家康と和睦交渉をすすめていたことをうけて、それまで今川方の立場をとっていた者が、相次いで家康に従属するようになっていた。四月四日には、家康は堀江城に和睦を働きかけている（戦今二三三一〜二）。大沢らはその状況を氏真のもとに連絡するが、十一日に朝比奈泰朝らは成り行きに委ねる旨を、すなわち和睦しても仕方の無いことを伝えるのである（戦今二三三六）。八日には、犬居領の天野藤秀が明確に家康に従属し（戦今二三三五）、十二日には堀江城の大沢基胤らもついに家康に従属した（戦今二三三八〜四一）。十三日には奥山郷《おくやまごう》の奥山定友・同友久も家康に従属した（戦今二三四一）。この結果、遠江においては、氏真が在城する懸川城と宇津山城以外は、すべて家康の領国下におさめられた。

そして信玄が帰国してから半月ほどが経った五月九日、和睦が成立した。この日に薩埵山陣に在陣していた北条氏政のもとに、懸川城の和睦が無事に成立したことを伝える使者が到着している（戦北一二一九）。使者はおそらく、家康からのものであったろう。なお江戸時代成立史料にはそれ以前の日付を伝えているものもあるが、当時の史料で確認できるのは、その九日である。

そして十五日に懸川城は開城し（戦今二三八八）、氏真一行と在城衆は出城し、海路で北条家に引き取られ、十七日に、北条方の武田方への最前線拠点になっていた駿河東部の蒲原城に移った（戦今二三六七）。氏真の懸川城出城の際は、家康家老の酒井忠次が途中まで和睦の「証人」として付き従った。おそらく氏真一行が北条方の船に乗るところまで、「人質」の役割を務めたものであろう。そして家康と氏政のあいだで起請文が交換された。そこでは氏政から家康に起請文が出され、それをうけて家康から起請文が届けられている。その起請文が氏政に届いたのは、二十四日のことであったと思われる。しかも家康は、そこで氏真と氏政に「無二《むに》入《じっ》魂《こん》」を誓約していた（戦今二三七六）。これは家康が氏真・氏政と停戦和睦を成立させたことを意味する。同盟関係とまではいかないが、互いに「入魂」を誓約しあっているのだから、少なくとも停戦が成立したことは確実である。

これは信玄との関係からすれば、明らかに契約違反であった。今度は家康が契約違反をしたのである。信玄はこれに抗議したに違いない。それだけでなく五月二十三日付けで、信長家臣の津田《つだ》国千世《くにちよ》と武井夕庵《たけいせきあん》に宛てて、事情を連絡するとともに、信長の見解を問い質す書状を出した（戦今二三七一）。すでに信玄は、家康が氏真と和睦交渉を開始していることを把握した際に、和睦を工作していることは不審であり、そのことを信長はどう考えているのかと問い質していた。

しかもここでは、「懸川城を攻略したからには、氏真を自害させるか、そうでなければ三河・尾張両国の境に送るべきなのに、北条軍と徳川軍が途中で会談し、和睦し、懸川籠城衆を無事に駿河に移動させるなど、思いも寄らないことだ」と憤慨の様子をみせている。そして「氏真と北条氏康・氏政父子とは和睦しないことを家康は起請文で誓約していたにもかかわらず、これはどうしたことか、信長の考えなのか」と、ここでも信長を問い質している。信玄は家康を、あくまでも信長の配下の存在としてしか認識していなかった。そのうえで「過去のことは仕方ないので、せめてこれからは、家康が氏真と北条氏康・氏政父子に敵対の態度をとるよう、信長からきつく催促する」ことを要請している。

ここから信玄が、今川家を攻略した際には、氏真を自害させるつもりであったことがわかる。それができなければ、織田家領国と徳川家領国の境に幽閉し、両家の監視下に置くしかないと考えていたことも知られる。氏真の政治生命を絶たなくては気が済まない、ともいうべき感情がみてとれる。信玄としてみれば、氏真に散々に妥協していたにもかかわらず、上杉輝虎と同盟して、武田家攻略を図った、という認識であったから、そう思うのも仕方のないことかもしれない。そして信玄は、それらを飲み込んで信長に、家康が氏真と北条家父子と敵対するよう、家康に働きかけることを要請している。「せめて此《こ》の上氏真・氏康父子へ敵対の色を寄せ候《そうろう》様《よう》」と述べるあたりに、家康に何とか協力姿勢をとって欲しいとの、信玄の哀願ともいうべき姿勢をみてとれる。

懸川城開城ののち、すぐに宇津山城も開城された。おそらく氏真から開城勧告がされたのであろう。城主の大原資良は、その後は駿河山西《やまにし》地域の花沢城（焼津《やいづ》市）に移っている。なお同城の攻略について、二月下旬から三月初旬とする推定もあるが、「科註拾塵抄」（戦今二七六七）には懸川城開城後のこととして記されているので、こちらが妥当とみなされる。こうして家康は、六月までに遠江一国の領国化を遂げた。これにより家康は、三河・遠江二ヶ国を領する戦国大名になった。

そして七月一日から、新たな本拠として見付城の築城を開始し、九月に完成させた（戦今二七六七）。家康は二ヶ国の領国支配をおこなううえでは、遠江に本拠を置くのが適切と判断したのである。そうして岡崎城から、見付城に本拠を移した。なおこれまで、家康の遠江での本拠は、最初から浜松城だったとみられることが多かったが、実際には、最初は見付城を本拠にしていたのである。浜松城に本拠を移すのは、翌年のことになる。

氏真は家督を北条国王丸に譲る

北条方になっていた蒲原城に入った氏真一行は、しばらく同城に在城したと思われる。この頃、薩埵山陣までの駿河東部は、北条方が維持していた。また今川方も、駿河山西を維持していた。武田方が制圧していたのは、山東地域のうち駿府周辺にすぎない状態であった。この状況であれば、駿河から武田家を退散させることも夢ではなかったであろう。しかも懸川城から氏真に同行していた岡部正綱が、焼失していた駿府館を再興し、立て籠もったことも伝えられている（前田利久「武田信玄の駿河侵攻と諸城」）。

氏真に同行した家族については、「氏真・御二方」と記されている。この「御二方」とは第一章でみたように、早川殿と嫡女（のちに吉良義定《きらよしさだ》妻）のことである（長谷川弘道「今川氏真没落期の家族について」）。ちなみにこの娘が、先の推測通りに永禄九年くらいの生まれであったとすれば、まだ四歳であり、満年齢では三歳かそれ以下になるから、早川殿にとっては幼児を抱えての逃避行であり、籠城であったことになる。不安な日々が続いていたことと想像される。

氏真に同行した家族には、ほかにもいた。氏真の妹の貞春尼、氏真の伯母にあたる中御門宣綱《なかみかどのぶつな》妻とその娘、祖母寿桂尼《じゅけいに》の妹の御黒木殿《おくろきどの》（山科言綱《やましなときつな》後室、ただし七月十八日に死去）らであった。伯母婿の中御門宣綱も、懸川城までは同行していたが、この年の四月に、同城で死去したとされる。また北条宗哲《そうてつ》（氏康の叔父）の娘で、家老の三浦氏員の妻（氏満の母）も同行していた。氏真はそれら家族を引き連れて、懸川城に籠城し、そして蒲原城に移ってきていた。

そしてこの蒲原城に在城していたなか、五月二十三日に、氏真は氏政長男の国王丸《くにおうまる》（のち氏直、一五六二～九一）を養子に迎えた（戦今二二三七五）。それにともなって氏真は、駿河支配について氏政と相談することになった。これはもちろん、氏政からの要請であったであろう。実際に駿河で武田軍と抗争するのは、氏政であった。そのためには駿河支配と今川家家臣の動員がともなう。国王丸を氏真の養子にしたのは、その準備であった。氏真としては、駿河の回復は氏政の軍事行動に依存することになるので、それを受け容れるほかはなかったであろう。

国王丸はこの時、八歳にすぎなかった。養子縁組であれば、氏真の婿養子の体裁がとられた可能性が高い。氏真・早川殿夫妻には、四歳ほどの娘がいた。おそらくはその婿養子にする取り決めがなされたことであろう。嫡出の娘がいるなかで、養子を取る場合、その婿養子にしないわけはなかったと考えられるからである（浅倉直美「北条氏政正室黄梅院殿《おうばいいん》と北条氏直」）。氏政は、この養子縁組を取り決めると、伊豆三島に退陣した。

そのうえで五日後の二十八日の未明、駿河支配権は氏真から氏政に委任することが決定され、今川家家臣は氏政の軍事指揮下に置かれることになった（戦今二三七七）。おそらくこの時に、今川家の家督は氏真から国王丸に譲られて、国王丸は名目的に「今川国王丸」として、今川家当主になったと推定される。その数日後の閏《うるう》五月三日には、「氏真の縁者であることから、今川家の名跡（家督）は国王丸に譲られた」と表現されている（戦今二三八五～六）。そして氏政は、これをうけて駿河在陣の北条家家臣に対して、武田家に味方した今川家家臣の所領の没収、その再配分などについて指示している。支配権の委任がなければ、そのようなことを自由におこなうことができず、そうでなければ駿河において武田方との抗争に柔軟に対応することができなかった。

ただしこのことは、あくまでも駿河は今川家の領国であり、今川家は駿河国主であることが前提になっている。氏政は、単純に今川家とその領国を併合しようとしたのではなく、今川家の駿河支配権を前提にしたうえでの処置であった。その際に、単に支配権を氏政に委任しただけでは、表面的にも今川家が北条家の属国になったかたちになってしまう。そのため名跡を国王丸に譲ることにすることで、氏政の行為は、新たな今川家当主の国王丸の後見としてのもの、という体裁をとることができ、今川家家臣も抵抗感なく、氏政の指揮に従うことができたと思われる。

ここに今川家の家督は、氏政長男の国王丸に継承されることになった。そして氏真は隠居の身になった。まだ三二歳のことであった。今川家当主としての期間は、足かけ一三年でしかなかった。とはいえ国王丸自身は、引き続いて小田原に居住した。また当主とはいえ、八歳にすぎなかったから、当然ながら独自の判断はおこなえない。そのため以後においても、今川家の駿河での御料所《ごりょうしょ》などへの支配は、氏真が引き続きおこなうことになり、軍事行動や領国支配については、国王丸の実父の氏政が後見として管轄していくことになる。

氏真夫妻の小田原居住

氏真・早川殿夫妻は、その後、永禄十二年(一五六九)閏五月三日には、駿東郡南部に位置し、伊豆にも近い沼津(沼津市)に移された(戦今二三八二)。それから同月十五日までに、駿河の東南端で伊豆にも接していた、今川家の御料所の大平郷《おおひらごう》(同)に入り、同地に大平《おおひら》城を構築してそれを拠点にした(戦北一二五〇)。氏真はしばらく同城に在城し、駿河に在国し続けて武田方との抗争を展開している家臣に、戦功に対する感状《かんじょう》を発給したり、知行《ちぎょう》を与えたり、といった家臣統制や御料所支配をおこなっている。

ただしその間の七月十二日の時点では、北条家の伊豆支配の拠点であった韮山城《にらやま》（伊豆の国市）に在城したことが確認される（久保田昌希・加藤哲「確認された王禅寺所蔵『北条氏照・氏規《うじのり》連署書状』について」）。これは、駿河に出陣した北条氏照（氏康の三男、一五四二〜九〇）・氏規が、「韮山」に宛てて、駿河での戦況を報せている書状による。宛名は単に「韮山」と地名で表記されているにすぎないが、このように地名で表記（小路名《こうじな》という）されるのは、格上の人物であること、使者として「大草方《おおくさ》」がみえていて、「方」が付されているので、氏照らの家臣でないこと、今川家家臣に大草氏が存在することから、これは氏真に宛てたものと判断されるのである。

信玄は、六月に入って駿河に侵攻してきていた。十六日に駿河御厨《みくりや》の深沢城（御殿場《ごてんば》市）を攻撃すると、十七日に伊豆に進軍して三島に放火した（戦今二七六七）。信玄は、三島を撃破し、韮山城（「北条と号す地」）で、先陣が北条氏照・氏規兄弟の軍勢と一戦して勝利し、北条勢五〇〇人を討ち取った、と戦果を喧伝している（戦今二四〇八）。そして富士郡に転進して、二十五日から富士大宮城（富士宮市）を攻撃し、七月三日に同城を攻略した。これにより信玄は、駿河への進軍路の確保を果たした。

氏真の韮山城在城は、その後のことになる。韮山城にはそれまで、氏照・氏規が在城していたとみなされる。そして両者は前日に、駿東郡の興国寺城《こうこくじ》（沼津市）に赴いて、防衛体制を強化し、この日に黄瀬川《きせがわ》まで戻って、明日は吉原（富士市）まで進軍して、富士郡の情勢を把握することを予定している。そうすると氏真が韮山城に在城するようになったのも、武田軍の進軍に備えてのことであったように思う。大平城では武田軍の攻撃に耐えられないため、韮山城に移されたのではないかと思う。しかしその後は、韮山城に在城し続けた形跡はないので、武田軍が後退したあとは、大平城に戻ったと考えられる。今川家は駿河国主であったから、氏真の在所は、駿河こそが相応《ふさわ》しいとの考えからであろうか。

ちなみにその後の八月十七日付けのものから、氏真は印文未詳であるが、新たな矩形朱印を使用するようになっている（戦今二四一八）。氏真はそれまでは、父義元から継承した方形「如律令《によりつりよう》」朱印を使用していたのだが、その使用を停止して、別の朱印使用に切り替えている。「如律令」朱印は、戦国大名今川家の権力を象徴する性格のものであったが、事実上、今川家は没落し、家督も名目的には国王丸に譲られて、氏真は今川家当主ではなくなっていた。そのため氏真は、同朱印を使用する立場にはないということで、新たな朱印を使用するようになった、と考えられる。

しかしその後、妻の早川殿は、翌元亀元年（一五七〇）四月には、小田原に近い早川郷に居住するようになっている。「早川殿」という呼び名は、同地に居住したことによって生まれたものであった。また早川郷は、氏康の叔父・北条宗哲の所領であったから、氏真・早川殿夫妻は、北条家のもとでは、その北条宗哲の庇護をうけたととらえられる。宗哲は北条家御一家衆の長老として、一門のなかの庶流の立場にあったものを庇護する役割を務めてきていた。ここでも氏真・早川殿夫妻について、事実上の後見を務めることになったととらえられる。

早川殿の早川居住をうけて、氏康は同地所在の海蔵寺と久翁寺《きゆうおうじ》に対して、禁制を与えている（戦今二七六八～九）。そしてそれに違犯するものがあった場合は、富士常陸《ひたち》と甘利佐渡《あまりさど》に連絡し、彼らは「大方《おおかた》」が言い付けている者なので、違犯の内容を寺の「納所《なつしよ》」（事務官）から「御本城」、すなわち氏康まで訴えることを認めている。富士常陸・甘利佐渡は、今川家の家臣であるから、「大方」は早川殿を指すとみてよい（前田利久「後北条氏庇護下の今川氏真について」）。早川殿は、前当主の妻、あるいは新当主の母としての「大方」と呼ばれるようになっていたことがわかる。これはもちろん、今川家の当主が、名目的には国王丸とされたことにともなうものとみなされる。逆にこのことから、国王丸の今川家継承は、実際のことであったと認識される。

氏康の禁制の内容に違犯する行為があったなら、今川家家臣の富士・甘利に連絡することになっているのは、不法行為をするのが今川家家臣であったからであろう。早川郷には、早川殿に従って多くの家臣が在所したとみられ、彼らの行為が問題になっていたのであろう。しかし訴訟先はそこではなかった。富士・甘利に連絡をしたうえで、寺から直接、氏康に訴訟することが認められているのである。したがって違犯者処罰は氏康がおこなったことがわかる。富士・甘利に連絡が入れられているのは、今川家家臣を氏康が処罰することになるので、あらかじめ通知しておくためのものであったととらえられる。

ここからわかるのは、早川郷で今川家家臣の不法行為があった際、それを処罰するのは氏康であったことである。けっして氏真ではなかった。それは同郷が北条家領国であったからである。氏真の所領であれば、氏真が処罰することになるが、そうではなく北条家領国での行為であったため、氏康による処罰となったのである。ただしそこで処罰するのが、当主の氏政ではなく、氏康であるのは、氏真夫妻とその家臣に対しては、氏康が管轄することになっていたからと思われる。氏康そして妻の瑞渓院殿《ずいけいいんでん》（今川氏親《うじちか》・寿桂尼の三女、一五一八か〜九〇）にとって、早川殿は実子であった。その家族や家臣についてのことは、こちらで担当する、と取り決めたのであろう。

氏真はその後も大平城に在城したが、その翌月の五月に、再び武田軍が伊豆に侵攻してきて、大平城も籠城戦を展開する事態になったようである（戦今二四九八。「大手」は「大平」の誤写）。氏真の家臣はそれほど多いとは思われないので、この後、攻撃をうけても堪えられないと判断されたのであろう、同年八月までのうちに、氏真は大平城を退去して、妻のいる早川郷に移住した。そして早川郷の屋敷には氏真の家政機関が置かれて「早川御奉行所《ごぶぎょうしょ》」と呼ばれることになる（静8 二六九）。代わって大平城は、北条宗哲が管轄するようになったとみられ、以後においては、宗哲が大平郷や泉郷などの氏真所領の治安維持や、氏真家臣の軍事行動を管轄している。

こうして氏真・早川殿夫妻は、小田原近所の早川に居住することになった。氏真には付き従う家臣も多くなかったため、駿河に在国することもできなくなった結果であった。このことは氏真が、完全に駿河から退去したことを意味した。これからは北条家の軍事行動によって、駿河を回復し、復帰することを願うしかなくなっていた。そこでは妹の貞春尼、伯母の中御門宣綱後室とその娘をはじめとした中御門一族など、今川家家族をともなっていた。ただそこでの立場は、今川家の前当主、そして「大方」という立場となった。名目的には国王丸が、今川家当主として扱われたからであった。

もっとも早川殿にとっては、八歳くらいに小田原から駿府に嫁いでから、一六年後に、実家近くでの居住となった。すでに二五歳くらいになっていた。そしてこの元亀元年には、待望の嫡男（範以《のりもち》）を産むのである。早川殿がその年の四月に早川に居住するようになったのは、その出産のためであったかもしれない。早川殿としては、この嫡男に、やがては今川家再興の夢を託したいと思ったに違いない。

とはいえこの年には、駿河は駿東郡を除いて、武田家に領有されるようになっていた。永禄十二年七月に富士大宮城を攻略されたのち、十二月から武田軍の進軍があり、北条方の前線拠点であった薩埵山陣・蒲原城が攻略され、駿府も奪還された。続けてこの元亀元年正月に花沢城が攻略され、二月に徳一色城《とくのいっしき》（藤枝市）も攻略され、山東・山西地域はすべて経略されてしまっていた。北条方の拠点として残ったのは、深沢城・興国寺城だけという状態になっていた。氏真の駿河復帰は、かなり望み薄い状況になってしまっていた。

小田原居住時の氏真の立場

氏真が駿河から完全に退去したことは、事実上の戦国大名からの没落を意味した。しかもそのことはその政治的地位にも大きな変化をもたらした。それまでは、まがりなりにも戦国大名家の政治的地位を認められていたのであったが、そうではなくなったのである。

駿河からの退去後も、氏真は越後上杉輝虎との外交を展開していた。永禄十二年（一五六九）においても、懸川城籠城のなか①正月二十七日付けで輝虎宛で書状を出し（戦今二二六四）、大平城在城のなか②閏五月二十一日付けで輝虎宛で書状を出し（戦今二四〇〇）、同じく同城在城のなか③十二月十五日付けで輝虎宛で書状と覚書《おぼえがき》を出している（戦今二四三一・参考三五）。

それらの書状で氏真は、宛名について①では「上杉弾正少弼殿《だんじょうのしょうひつ》」と書いているが、②③では「謹上《きんじょう》上杉殿」と、より丁寧な書式を用いている。①は、戦国大名同士として全く対等な立場で用いられた書式で、前年末から使用されていて、その時期は、ともに輝虎と同盟交渉していた北条家が、この書式を用いていたため、それに同調して使用したと考えられている。②は、戦国大名同士として対等ではあるが、相手を尊重した書式で、氏真の場合、永禄十年の初信ではこの書式を用いていたが、その後に①の書式を用いていたので、再び元の書式に戻していることになる。この戻りは、北条家と輝虎との同盟交渉のなかで、輝虎を格上とする取り決めがされて、氏真もそれに倣《なら》って、元の書式に戻したとみなされている（長谷川弘道「駿越交渉補遺」）。

ところがその後、氏真は輝虎に三度におよんで書状を出したものの、輝虎から返信がなかった。氏真はそれを不審に思っていたところ、上杉家から「書札慮外《しよさつりよがい》」のためであるとの連絡がもたらされた。「書札」とは、書札礼という書式の作法であり、それが「慮外」というのは、作法に違反していることを意味した。当時は身分制社会であったため、文書の書式にも厳格な身分的秩序がもうけられていた。作法違いの文書は、その身分秩序を蔑《ないがし》ろにしたものとして、受け取りを拒否され、あるいは返信されなかったのである。輝虎から返信がなかったのは、そのためであった。

それをうけて氏真は、元亀元年（一五七〇）の九月三日付けで、輝虎の家臣で担当取次であった山吉豊守《やまよしとよもり》に宛てた書状と（戦今二一四三）、柿崎景家・直江景綱・山吉豊守に宛てた書状を出し（戦今二四六九）、家老の朝比奈泰朝が直江・柿崎・山吉宛で副状を出している（戦今二四七〇）。ここで注目されるのは、氏真が、輝虎に直接に宛てて書状を出すのでなく、その家臣宛で出していることである。これは上杉家から、氏真が輝虎に直接に宛てて出すことが、「書札慮外」と認識されていたため、輝虎宛でなく、家臣宛で出さざるをえなかったことによる。

このことは、氏真が、上杉輝虎から、対等の戦国大名として認識されなくなっていたことを意味する。具体的には、北条家の御一家衆の北条氏照などと同等の存在とみなされたのである。氏真自身の認識としては、自身はいまだ戦国大名・今川家の当主との立場であったろう。しかしその認識は、実際の政治世界では通用しなくなっていた。

同様のことは、庇護をうけている北条家でもみられるようになった。元亀二年正月十日に、北条氏政は武田軍から攻撃をうけていた駿河深沢城の救援のため、小田原を出陣するが、その際のものと推定される、氏康の妻で氏政の母であった瑞渓院殿が、相模《さがみ》江の島（藤沢市）に戦勝祈願した願文《がんもん》がある（戦北四九一二）。その出陣は、北条家当主と御一家衆あげてのもので、その面々について「うちまささま（氏政様）・うちてるさま（氏照様）・うちさねさま（氏真様）・五郎殿（氏規）・六郎殿（氏忠）・太郎殿（氏邦）・四郎殿（氏光）」と記されている。

これは氏真が、北条家のもとにあっても、いまだ独自の家臣団を擁していて、出陣していたことを示す、貴重な情報である。しかしながらそこでの序列は、当主の氏政、御一家衆筆頭の氏照に次ぐ、第三位になっている。氏政が筆頭であるのは、北条家当主であったから当然であるが、それに次ぐ位置には、その同母弟で御一家衆筆頭の氏照が置かれていて、氏真はその次に位置付けられている。氏政から氏真までの三人だけが「様」付けで、以下は「殿」付けになっているので、この三人が以下の御一家衆とは隔絶された地位にあったことがわかる。氏真はそのなかに含まれていた。しかしそのなかでの序列は、御一家衆の氏照よりも下位に置かれていた。

氏真はそれまで、戦国大名家当主として、氏政と同等の立場にあった。この時は、家督を氏政長男の国王丸に譲っていたから、前当主となってはいたが、その立場は当主と同等であった。にもかかわらず、御一家衆の氏照よりも下位に位置付けられるようになっていたのである。これは氏真の立場が、元戦国大名家当主として、他の御一家衆よりは高い政治的地位を認められていたものの、北条家のなかでは、氏照に並ぶ有力一門として位置付けられていたことが示されている。

氏真はこの事態をどのように受けとめたことであろうか。すでに戦国大名としての実態はなくなっていたことからすると、仕方のないことと認識していたであろうか。かつて駿河・遠江・三河三ヶ国の戦国大名家当主として、北条家・武田家などと対等の家格にあったことからすると、その地位の低下は歴然としたものがあった。けれどもその家格にあったからこそ、一般の御一家衆よりは高い家格を認められた、ということもできる。

駿河復帰の断念

元亀二年（一五七一）正月の深沢城攻防戦は、北条家が駿河支配を維持できるかどうかの、最終防衛戦でもあった。しかし同城は攻略され、駿河における北条方の勢力は、駿東郡南部だけと大幅に縮小するのである。これではもはや駿河を領国にしているとはいえない状態になった。それをうけてか、氏真はその年の四月から十月にかけて、家臣に対して、これまでの戦功を賞したうえで、駿河帰国のうえで所領を与える約束をするようになっている（戦今二四八二～三・八九・九二～三）。しかもそのうちの、九月の富永《とみなが》右馬助《うまのすけ》宛、十月の富士《ふじ》信通《のぶみち》宛では、それぞれから「暇《いとま》」（主従関係の断絶）が申請されて、それを承認している。もはや氏真には、家臣たちに与える所領すらほとんどなくなっていたためであった。

そして同年十月三日に北条氏康が死去し、それをうけて北条氏政は、上杉輝虎との同盟を解消し、武田信玄との同盟をすすめ、十一月に成立する。そこでの領土協定によって、駿河全域は武田家領国と取り決められ、北条方に残っていた興国寺領・平山領は、武田家に割譲された。わずかに黄瀬川より東部分が留保されるが、その部分はこの後は「伊豆」と称されるようになっている。これにより氏真は、北条家のもとでの駿河復帰は叶わないことが確定された。直後の元亀三年正月十九日、それまで随行していた三浦元政から、進退を継続できないとして、新たな仕官先を求めることの承認が申請され、それを認めている（戦今二四九八）。こうして家臣たちは、次々に氏真のもとから去らざるをえなくなっていた。

そして氏真が小田原居住時に出した発給文書として最後になっているのは、同年三月十七日付けで、北条家領国として留保された大平郷に所在する桃源院《とうげんいん》（沼津市）に宛てた禁制となっている（戦今二五〇一）。大平郷は、今川家時代から今川家の直轄領で、北条家の庇護下においても氏真の所領とされていた。桃源院は、祖父氏親母の北川殿《きたがわどの》（北条家初代・伊勢宗瑞《いせそうずい》の姉）、すなわち氏真の曽祖母の菩提寺《ぼだいじ》であったから、同寺の管轄は引き続いて氏真が担ったとみなされ、それにより禁制を出しているのであろう。

ただし同文書の書式は、それまでとは異なっている。それまで氏真は、朱印状《しゆいんじよう》において朱印を袖《そで》（文書の書き出し部分）に押捺していたが、この文書は、北条家の書式と同じく年紀上に押捺したものになっている。これは文書の書式においても、全く北条家の書式を採用するようになったものと考えられている（久保田前掲書）。

北条家と武田家の同盟により、駿河が武田家領国として確定したことで、氏真の駿河復帰は断念せざるをえないものとなった。それにともなっておそらく、国王丸との養子縁組も解消されたことであろう。前年に嫡男（範以）が誕生していたから、それで今川家の後継者が不在になることはなかった。氏真の立場は、元戦国大名家当主として、高い家格に位置付けられていたものの、その立場は、全く北条家の御一家衆に等しいものにならざるをえなかった。それが発給文書の書式にも反映されたのであろう。

そして小田原在住時における氏真の動向として、最後に確認されるのは、元亀三年五月十九日に、早川久翁寺で開催した、父義元の一三回忌法要になる（戦今二五一一）。そこで主催者については「相州居住大功徳主源氏真」と記されている。この法要を氏真が主催していることから、それまでに国王丸との養子縁組は解消され、氏真が今川家当主の地位に復帰していたことがわかる。またこれにより、氏真がこの時まで、早川に在住していたことが確認される。

他国の地で、父の法要を営まなければならないことに、氏真はどのような感情を抱いたであろうか。かつて義元から元服《げんぷく》直後に与えられた教訓状《きょうくんじょう》では、このままでは氏真に国を治めることはできない、といわれていた。実際にそのようになってしまった。同時代人の評価も芳《かんば》しくはない。駿府から退去した後、駿府に居住していた公家《くげ》の三条西実澄《さんじょうにしさねすみ》は、武田家の庇護をうけるようになるが、その時に実澄は、氏真について、「政治を乱して民を苦しめ、叔父の信玄が諫言《かんげん》しても、それを信じず、遂《つい》に国を失った」と評している（戦今二三二九）。信玄もまた氏真について、「行いは天道を恐れず、仁義を忘れ、文武は無く、ただ酒宴・遊興に浸り、家臣・領民の悲しみを知らず、諸人《もろびと》に嘲《あざけ》られても気にせず、好き勝手にしていたため、国家・領民を保つことはできなかった」と酷評している（戦今二四七五）。いずれもその内容は、酷《ひど》い評価といわざるをえない。とくに信玄は、氏真が上杉輝虎と同盟したことに酷く憤っていたため、すさまじいまでに非難している。

とはいえ三条西実澄は、それまで今川家から庇護をうけていたのに、侵攻してきた武田家に鞍替えしているので、自身の行為を正当化する必要があった。信玄は、今川家を滅亡に追い込んだ張本人であったから、その正当性を主張する必要があった。そのため氏真を、ことさらに戦国大名家当主として失格であると主張しなければならなかった。実際の氏真が、戦国大名家当主としてどの程度の力量だったのかは、領国統治や家臣団統制について、詳細に検討してからではないと、評価することはできないであろう。氏真についての研究は、まだそこまで到達していない。今後の課題になっている。

それでも領国を滅亡させた戦国大名家当主については、このように酷い評価がなされたことが認識される。それは北条氏直の場合も同様であった（拙著『戦国大名・北条氏直』）。この時代、敗者は治政者として失格の烙印が押され、勝者は優れた治政者と評価されるのが基本であったことがうかがわれる。社会の認識は、そのように結果から評価する趨勢《すうせい》にあったとみなされる。氏真も当時から、そのような評価に晒《さら》されたことであろう。氏真はそれをどのように受けとめたであろうか。そしてそれらにどのように向き合ったであろうか。この時の氏真は、三五歳になっていた。しかしそれから四〇年以上にわたって生きていくことになる。氏真は、それまでの戦国大名家の人間として生きていた以上の年月を、これから生きていくのであった。

第四章

家康は氏真を庇護する

家康は浜松城を構築

家康は、永禄《えいろく》十二年（一五六九）に遠江《とおとうみ》の経略を果たして三河《みかわ》・遠江二ヶ国を領国とする戦国大名になるとともに、本拠を遠江見付《みつけ》城に移した。それは氏真から同国を経略したことによるものであった。対して氏真は、家康と武田《たけだ》信玄《しんげん》から領国に侵攻をうけて、事実上、領国を喪失して、戦国大名の立場から没落し、その後は北条《ほうじょう》家の庇護をうける存在となった。家康と氏真の立場は、はっきりと明暗がわかれるものとなった。ところが両者は、早くもそれから四年後の天正《てんしょう》元年（一五七三）には、再び相まみえることになる。その間に家康は、それまで同盟関係にあった武田信玄との抗争を繰り広げるのであった。

遠江経略を果たしたのち、家康は元亀《げんき》元年（一五七〇）になると、織田信長の軍事指揮下に

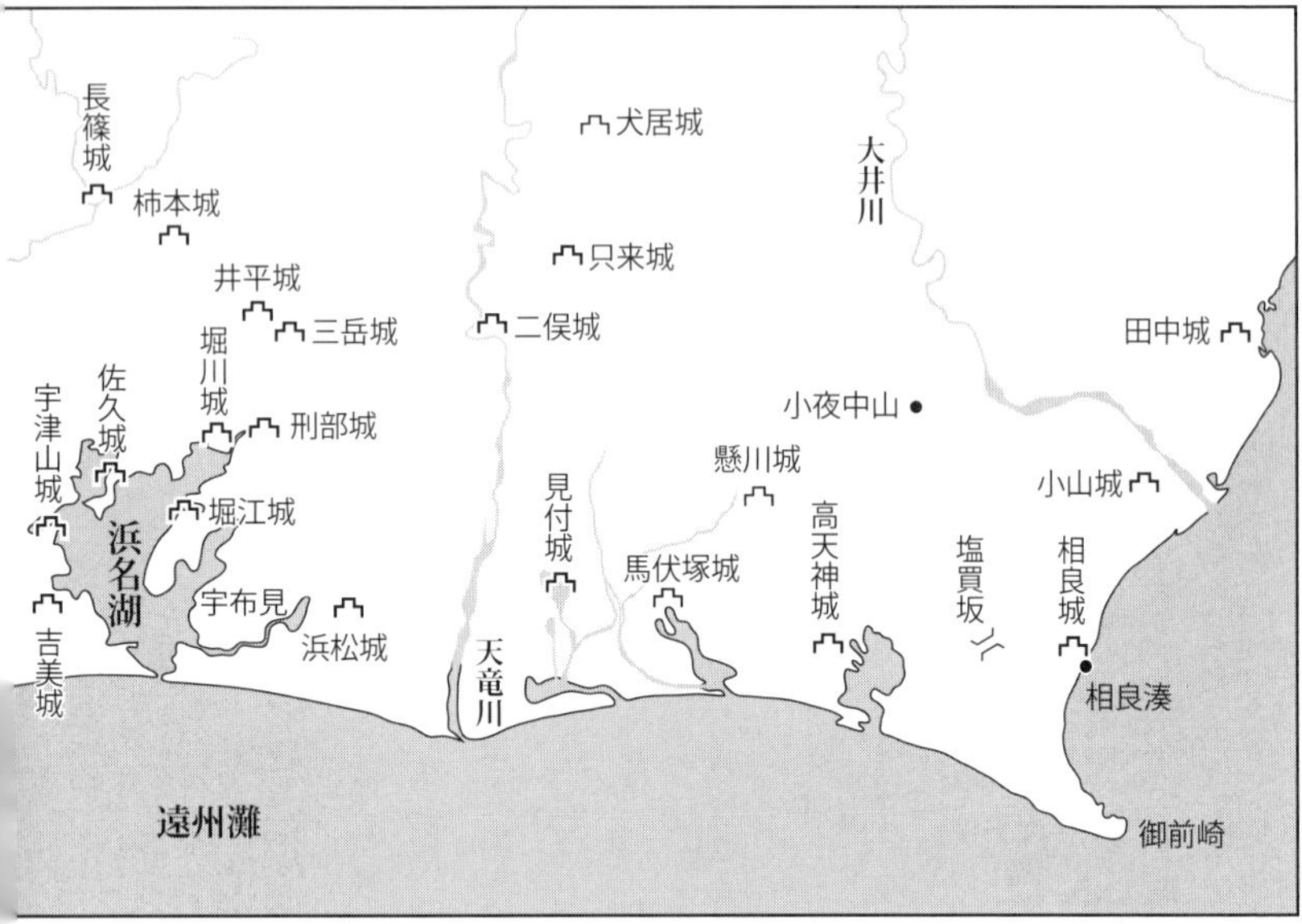

三河・遠江主要城郭図。平山優『徳川家康と武田信玄』をもとに作成

入っていった。正月二十三日、信長は畿内近国の戦国大名・国衆《くにしゅう》らに、新たに将軍に据えた足利義昭《あしかがよしあき》への奉公のためとして、上洛を命じた。その二番目に、「徳川三河守《みかわのかみ》殿」と、家康の名があげられている（愛11 七〇〇）。この軍事動員の命令主体は、名目的には義昭ではあったが、実際は信長であったことはいうまでもない。そして家康はこれに応じて、初めて上洛する。しかも上洛にあたって、まず信長の本拠・岐阜城に参向したことが伝えられている（中村孝也『家康伝』『新訂 徳川家康文書の研究 上巻』）。

ここで家康が岐阜城に参向したこ

とは、両者の関係の変化を示すものとして重要である。さらに四月、信長は京都から越前《えちぜん》に侵攻するが、家康はそれに従軍した。いわゆる越前朝倉《あさくら》家攻めである。ここに家康は、信長のもとに自身参陣し、その軍事指揮に従う存在になった。しかし越前での軍事行動は、北近江《おうみ》浅井《あざい》家の離叛《りはん》により、信長軍は敗退し、京都に後退した。信長は五月に岐阜城に帰陣した。家康も同様に、京都に帰着したのちに、新たな本拠にしていた遠江見付城に帰陣したと思われる。なお同城の最終的な完成は、この年春のことであったともされるが（「当代記」）、いずれにしてもこの時には、本拠を岡崎城からこの見付城に移していた。

　ところが六月、家康はその本拠を、浜松（もと引間《ひくま》）に移すことになり、引間古城の再興を開始した。しかもそれは信長から意見されたためであった（「当代記」）。すなわち家康は、信長の意見に従って、新たに築城したばかりの見付城を捨てて、浜松城に本拠を移したのであった。こうして家康は、浜松城を居城化したのである。一般的な戦国大名の場合、本拠を移すにあたって、他者の意見をうけておこなうということはない。ところがここでの家康は、信長から意見され、それに従っているのである。このことから家康は、一般的な戦国大名とはいえない立場になっていたとみなされる。

それはすなわち、信長の配下にある存在となっていたといいうる。家康と信長は同盟関係にあった。また家康が上洛したり、信長の軍事指揮に従ったのは、名目的には、家康も足利義昭を支える諸国の戦国大名としての立場にあることによるものであった。しかしながら義昭の軍事行動は、信長が管轄した。そのため家康の軍事行動も、信長の管轄下でおこなわれた。ここに信長と家康とのあいだに、明確な上下関係が生じることになった。家康が信長本拠の岐阜城に参向し、かつその軍事指揮下におかれたという状況は、客観的にみれば、家康が信長に服属する関係になった、ということであった。

家康が本拠を浜松城に移すことにした六月、信長は浅井家攻めのため北近江に出陣する。家康はこの時も信長のもとに出陣し、同月二十八日の姉川《あねがわ》合戦に参加している（家康上一六二）。合戦は織田・徳川軍の勝利で、信長は七月四日に京都に帰陣し、同月七日に岐阜城に帰還した。家康も同様に、京都に帰陣し、そこから浜松城に帰還したことであろう。しかし家康の畿内近国への出陣はさらに続いていた。信長は八月二十日に、いわゆる三好《みよし》三人衆追討のために摂津《せっつ》に進軍するが、家康はそれにも従軍した。これには義昭も出陣したから、家康は義昭に従軍するというかたちであった。信長は、大坂本願寺の蜂起、朝倉・浅井軍の南近江侵攻をうけて、九月二十三日に摂津から京都に帰陣する。家康もそれと同様であったろう。

その在陣中の九月十四日に、家康は義昭から御内書《ごないしょ》を与えられていて、家康の摂津参陣についての軍忠を賞されている（家康上一六三）。興味深いのは、この出陣には、信長からは「無用」といわれていたものの、家康が以前に義昭に誓約した「約諾旨」に従って、出陣したと記されていることである。この文言を見る限り、家康の畿内近国への出陣は、あくまでも義昭を支援し、それに従ってのことであったことがわかる。けれどもそこでの軍事行動は、すべて信長の管轄下でおこなわれたため、信長に服属する関係が生み出されていったのであった。

織田一門大名としての立場

ここで、家康が織田信長とどのような政治関係を辿っていったのかについて、あらかじめ触れておくことにしたい。

まず家康が、信長に従属する大名の立場になったことが明確化されたのは、元亀二年（一五七二）八月二十八日における、嫡男信康《のぶやす》の元服《げんぷく》にあった。この日、嫡男竹千代《たけちよ》は一三歳で元服した。元服にともなって、仮名は「松平三郎《まつだいらさぶろう》」を称し、実名《じつみょう》は「信康」を名乗った。信康は家康の嫡男であったが、苗字は「徳川」でなく、旧苗字の「松平」を称した。これは徳川苗字は、家康一人だけが称するものとなっていたことを示している。しかしこのことの意味については、十分に理解できていない。苗字を改称する事例は、他家にもみられたが、やがては嫡男や一門衆も改称するのが一般的である。しかし家康が、子どもの一部（秀忠《ひでただ》・義直《よしなお》・頼宣《よりのぶ》）に徳川苗字を認めるのは、関ヶ原合戦後のことになる。これは家康にとって、徳川苗字がどのような性格にあったかを考える必要を示していよう。

それはともかくとして、ここで注目しておきたいのは、信康の実名の成り立ちである。これはいうまでもなく、信長から偏諱《へんき》を上字《うえじ》として与えられたものになる。このように偏諱を上字として与えられる場合は、偏諱を与える側が主人筋にあたり、与えられた側はその家来筋にあたったことを意味した。したがってここで家康が、嫡男の実名に信長から偏諱をうけたことは、徳川家が織田家の配下に位置していたことを明確に示すことになる。

もっとも家康は、信長に対して、明確に従属を誓約する起請文《きしょうもん》を提出したり、人質を提出したりはしていない。その意味で家康の立場は、完全に信長の従属下に入ったとはいいがたい。けれども信長が上位にあり、家康がその下位にあったことは明確であり、この偏諱は、そのことが端的に示された事態とみることができる。

同様のことは、従属国衆について信長から承認をうけていることにもみることができる。二年後の天正元年（一五七三）八月、家康は三河作手《つくで》領の奥平定能《おくだいらさだよし》・信昌《のぶまさ》（一五五五〜一六一五）父子を従属させ、進退などを保証する起請文を与えている（愛11九〇一）。戦国大名が、従属してきた国衆に、そのような起請文を与えるのは普通のことであった。しかしこの起請文が特異なのは、信長から了解をうる内容について記されていることにある。最後の七条目に、信長からも従属を承認する起請文を獲得すること、武田家領国の信濃《しなの》伊那《いな》郡の経略について信長に申し入れること、などが記されている。

これは奥平家の従属について、信長からも承認をうける必要があったことを示している。こうしたことが奥平家の場合に限ったことなのか、そうでなかったのかはわからないが、少なくともこの場合から、家康への国衆の従属は、家康と当該の国衆とのあいだで完結するのではなく、信長の承認を必要としていたことがわかる。これも事実上、家康が信長の配下に位置していたため、それへの従属国衆は、広い意味で織田家の政治勢力を構成することになるので、信長の承認が必要であった、とみれば納得できるであろう。

もう一つだけあげておきたい。天正三年五月の三河長篠《ながしの》・設楽原《したらがはら》合戦の前後に、家康は長女亀姫《かめひめ》を奥平信昌と結婚させることを取り決めた。嫡男信康はこれに不服で、信長から家康に結婚取りやめを意見してもらうことを要請した。しかし信長は、家康の意見に賛成であることを示し、信康を諭した、ということがあった（『三河物語』）。これは信康が、家康の意見を変えさせようとして、信長から意見してもらおうとしたものになる。嫡男の信康でさえもが、家康は信長からの意見に従わざるをえない関係性だったことを認識していたことがわかる。

こうしたことからみて、すでに家康は、実質的に信長の配下に位置する存在になっていたといいえよう。その端緒は、信長と信玄による今川家領国についての取り決めにあったとみることができるかもしれない。そうするとその直後に、武田信玄が家康のことを「信長の意見に従う人」と認識していたことは、あながち間違ってはいなかったともいえる。

さらにその後、織田信長は天正三年十一月に、従三位《じゅさんみ》・権大納言《ごんのだいなごん》に叙任され、将軍相当の官位について、名実ともに「天下人」となった。これにより家康と信長の格差は決定的になった。信長はその二年前の天正元年に、足利義昭を畿内近国から追放し、「天下」統治を担うようになったことで、事実上の「天下人」として位置していて、ここにそれに相応《ふさわ》しい官位についたことで、その立場を名目的にも確立したのであった。信長はそれにより、自身を主宰者とする新たな政権として、織田政権を樹立した。そこでの家康の立場について触れておくことにしたい。

そこにおいて家康は、「天下人」信長に従属する戦国大名の立場になった。それまで信長とは、身分的には対等の同盟関係にあった。そのため信長と家康とのあいだで交わされた書状の書札礼《しよさつれい》においても、信長から家康に宛てたものは対等のかたちがとられていた。しかし信長の

「天下人」化を契機に、明確に配下の者に対するものに変化した。家康から信長に宛てたものについても、それまでは目上に対するかたちをとっていたものの、直接に宛てていたが、その後では家臣を宛名にした披露状《ひろうじょう》の形式に変化していることがわかっている（平野明夫『徳川権力の形成と発展』）。

すでにそれ以前から、家康は信長の配下に位置するようになっていた。そのため家康から信長に宛てた書状は、目上に対するかたちがとられていた。しかし信長からのものは、他大名に対するのと同じく、あくまでも対等のかたちがとられていた。しかし信長の身分的地位が「天下人」となったことで、信長は他国の戦国大名に対しても、明確に上位者の立場になった。将軍相当の地位についたのだから、それは当然のことであった。それにともなって家康の立場も、明確にそれに従う存在に位置付くことになったのである。

そして織田政権での地位は、織田家一門衆と同等とされた。「天下人」確立以前は、信長は家康に宛てた書状では「徳川三河守」と苗字も記していた。これは他家に対する書き方であった。ところがその後は、単に「三河守」と通称のみを記すようになっている。この書き方は、苗字を同じくする一門衆に対する書き方になる。家康は織田苗字を称していたわけではなかったが、一門衆と同等の扱いをうけたとみることができる（平野前掲書）。したがって家康の織田政権での地位は、単に「天下人」に従属する戦国大名ではなく、「天下」統治を主宰する織田家の一門大名に位置したといいうる。

それは嫡男信康が、信長の娘婿であったことにともなっている。もっとも信康は、天正七年に家康の命により自害し、それにともなって信康妻の五徳《ごとく》は織田家に戻った。この事件によって、家康と信長の姻戚関係は解消されてしまった。しかし信長はその後も、家康を変わらず一門大名として処遇し続けた。そこに信長の、家康に対する、一定の尊重の態度をみることはできるかもしれない。

とはいえ、家康は織田家に人質を出すことはなかった。本拠への参向も、元亀元年での畿内近国への出陣にともなうもの以降では、天正九年四月に、その時に信長の本拠になっていた近江安土《あづち》城（近江八幡《はちまん》市）に参向しようとしたことがあったが（愛11一四三七）、実際に参向したのは、同十年五月のことであった。これは三月の武田家滅亡にともない、武田家領国の駿河《するが》を信長から与えられ、それへの御礼のための参向であった（同一五一二）。これにより家康は、信長から領国を与えられる立場になった。それは明確な主従関係が成立したことを意味した。その後、家康の立場はさらに、織田家への従属度を高めていったことであろう。しかしそう展開していく前に、織田信長が同年六月の本能寺の変で死去してしまい、やがて織田政権そのものが瓦解してしまうのであった。

家康と上杉謙信の同盟

少し時間が進みすぎた。家康が遠江経略を遂《と》げた永禄十二年（一五六九）の時点に戻すことにしよう。そのとき、同盟関係にあった武田信玄は、まだ駿河の経略を遂げていなかった。家康は駿河まで経略をすすめることはなく、信玄の動向を見守っていた。それは家康が、氏真を懸川《かけがわ》城から退去させた際に、氏真および北条氏政《うじまさ》と今後における互いの「入魂《じっこん》」を誓約し、停戦和睦を結んでいたからであった。そのため今川家領であった駿河山西《やまにし》地域に侵攻することをしなかったのである。その一方で家康は、信玄とも同盟関係にあった。そのため家康は、信玄と氏真・氏政による駿河をめぐる攻防を見守り続けるしかなかった。

しかし信玄に対しては、すでに大きな不信感をいだくようになっていた。家康が契約違反して、氏真・氏政と和睦したのも、それゆえであった。そのため本音では、氏真・氏政が駿河を回復することを願っていたかもしれない。もっとも家康と信玄の関係は、表面的にはしばらく継続した。元亀元年（一五七〇）正月十日に信玄が家康に宛てた書状では（戦今二二三八）、駿河で敵方に残っているのは花沢城（焼津《やいづ》市）だけになったことを報《しら》せたうえで、隣国の関係にあることをもとに入魂を求めている。

その一方で、同月二十日に信玄が信長に出した書状では、「徳川家康大悪の擬《なぞら》え、今川氏真・北条氏政の数通の証文《しょうもん》を披見《ひけん》に入れられ候《そうら》いき」と述べていて、家康が氏真・氏政と数度におよんで交換した起請文を入手し（写《うつし》であろう）、それを信長からの使者に渡して信長に証拠資料としてつきつけたうえで、家康の行為を「大悪の擬え」と非難している。さらに信長が家康に援軍を派遣していることをなじっている（丸島和洋「武田信玄の駿河侵攻と対織田・徳川氏外交」）。これによれば、家康が氏真・氏政と交換した起請文の内容などは、すでに信玄に筒抜けになっていたことが知られる。そして信玄はそのことを、家康による明確な背信行為にあたるとして、信長に抗議している。信玄の側も、家康の行為には我慢ならない状態になっていたことがうかがわれる。

もっとも家康と信玄の同盟関係は、同年四月まで続いていたことが確認されている。家康側近家臣で武田家への外交を担当した一人であった榊原康政《さかきばらやすまさ》（一五四八～一六〇六）が、同じく武田家で徳川家への外交を担当していた土屋昌続《つちやまさつぐ》に宛てた書状で、互いに同盟継続に尽力しあうことを申し合わせている（丸島前掲論文）。関係者のあいだでは同盟継続の努力がおこなわれていたことがわかる。しかしこれをもって家康と信玄の通信は途絶える。かわりにみられたのが、同年八月における家康と上杉輝虎《うえすぎかげとら》の同盟交渉の展開であった。

この時の輝虎は、織田信長と北条氏政と同盟関係にあった。信長と輝虎は、すでに永禄七年（一五六四）には同盟を結んでいた。輝虎と氏政の同盟は、信玄の駿河侵攻にともなって氏政から要請してきたもので、同十二年六月に一応の成立をみていた。ただしその六月に、信玄は義昭・信長に輝虎との和睦周旋を要請し、信長はそれを容《い》れて、輝虎に信玄との和睦を要請している（上Ⅰ六〇八）。これは「甲越和与《こうえつわよ》」と称されて、しばらく和睦交渉がすすめられたが、元亀元年三月に輝虎が氏政との同盟を確定したことにともなって、七月に武田家からの使者を成敗し、武田家との交渉を断絶させていた。これにより信玄は、北条家および上杉家と敵対関係となっていた。

家康は、北条氏政とは和睦関係にあった。そのうえで輝虎に和睦締結をはたらきかけたのであった。交渉は家康側からおこなわれた。それをうけて八月二十二日付けで、輝虎は徳川家の外交担当の家老・酒井忠次と松平氏一族の大給《おぎゅう》松平真乗《さねのり》（親乗《ちかのり》の子、一五四六〜八二）に返事を出している（愛11七二五〜六）。そこで、今後は申し合わせていく意向が示された。ここから具体的な同盟交渉が開始され、そして十月八日に、家康から謙信《けんしん》（輝虎の出家名、同年九月が初見）に宛てて起請文が出された（愛11七三九）。そこで家康が謙信に誓約した内容は、次の二ヶ条であった。

一、信玄に手切れすることを家康は深く思い詰めているので、決して態度を変えたり裏切ったりすることはない。

一、信長と輝虎が入魂になるようできるだけ助言し、武田家と織田家（「甲尾」）の縁談についても破棄になるよう意見する。

ここに家康は、謙信との同盟を成立させたのであった。それはまさに対信玄のための戦略によるものであった。家康はそこで、信玄とは手切れすること、信長と信玄との縁談を破棄させることに尽力することを誓約したのである。信長と信玄との縁談というのは、信長嫡男の寄妙《きみょう》丸《まる》と信玄五女の松姫《まつひめ》の婚約にあたる。それは信長と信玄の同盟の証《あか》しであったから、家康は、信長と信玄の同盟自体を破棄させたいと考えていたことがわかる。

武田信玄の侵攻をうける

こうして家康は、信玄との同盟破棄に踏み切った。家康がいつ、信玄に手切れしたのかは判明していないが、上杉謙信に起請文を出してしばらくのうちにはおこなわれたであろう。信玄はこのことをひどく恨みに思い、二年後に徳川家領国への侵攻を展開したことについて、「三ヶ年の鬱憤《うっぷん》を晴らす」ものと述べるのである（愛11 八二〇）。信玄が、いかに家康の行為に腹を立てていたかがわかる。けれども家康は、信玄に手切れしたとはいえ、積極的な攻撃には出ていない。対する信玄もすぐには家康への攻撃をおこなっていない。

この時の信玄は、北条家との抗争にかかりきりになっていた。そしてそれは元亀二年（一五七二）十月初めまでにわたっていた。ところが直後の十月三日に北条家の隠居・北条氏康《うじやす》が死去した。これをうけて信玄と北条氏政は、一転して和睦形成に動いた。氏政としては、謙信が信玄との抗争において全く協力してくれていなかったためであった。信玄と氏政の再同盟が成立した正確な時期は判明していないが、十一月十日には成立していたとみることができる。これにともなって氏政は、謙信との同盟を破棄することにし、十二月二十七日にそのことを謙信に通告した。こうして謙信は、信玄・氏政と抗争することになった。

信玄は翌元亀三年閏《うるう》正月には、早くも関東で氏政とともに謙信と対陣している。しかし謙信との対陣はそれ以後はみられていない。むしろ引き続いて関東で戦陣にあり続けることを嫌っていたのか、正月二十八日付けで信長側近家臣の武井《たけい》夕庵《せきあん》に送った書状では、「甲（武田家）・相（北条家）・越（上杉家）」の三国の同盟成立を図っていて、その周旋を信長に要請している（戦武一七七五）。信玄としては、永禄十一年の駿河侵攻以来、北条家と激しい戦乱を繰り広げ続けていたため、これ以上の戦乱の継続を嫌っていたのではないかと思う。しかしそれはむしろ、家康への報復に執心するようになったためかもしれない。

足利義昭と信長は、信玄の要請を容れて、謙信に信玄との和睦をはたらきかけていた。この年春に義昭から謙信に、そのことについてはたらきかけがあり、実際に七月になって、使者が謙信のもとに派遣された。信長はそれにあたって謙信に、自分は謙信とも信玄とも、多年におよんで親交してきたことを示したうえで、義昭の意向に従って和睦を成立させることを要請している（上Ⅰ一〇五三）。信玄はその後は、謙信の領国への軍事行動をおこなっていなかった。これをうけて謙信も、信玄の領国への軍事行動をおこなっていない。義昭・信長の和睦勧告によって、信玄は、謙信との戦争を回避する状況を作り出していた、といえよう。

しかし信玄は、その七月には、家康に従属する国衆に対して調略をすすめていた。そして七月晦日《みそか》には、作手領の奥平定能の調略に成功している（戦武一九二九）。この頃には信玄は、明確に徳川家領国への侵攻を計画していたとみなされよう。信玄はいよいよ家康への報復を開始することになった。

信玄は、元亀三年九月二十七日に、徳川家領国に向けて軍勢の進軍を開始、先衆を出陣させた（戦武一九六七）。信玄自身も十月三日に出陣し、同十日に駿河から遠江に侵攻した（戦武一九八九）。この時の信玄は、越前朝倉家・北近江浅井家・大坂本願寺などと連携をとげていた。さらに出陣に先立って、美濃《みの》郡上《ぐじょう》領の遠藤家を調略していた。遠江に侵攻した信玄は、遠江中央部の二俣《ふたまた》城（浜松市）、高天神《たかてんじん》城（掛川市）の攻略をすすめた。美濃岩村城（恵那《えな》市）では、前城主死去にともない、武田方と織田方の抗争がみられ、信長は庶兄・織田信広らの軍勢を派遣して、岩村領を確保した（愛11八一八）。

信玄の本軍は遠江に侵攻し、他方で郡上領の遠藤家を従属させ、また岩村領での取り合いを開始しているように、信玄の標的は、織田家・徳川家領国の経略にあった。岩村領に進軍した武田軍は、岩村領攻略に失敗すると、そのまま奥三河に進軍したが、家康に撃退されたという（同前）。しかし実際には、これは家老山県昌景《やまがたまさかげ》・秋山虎繁《あきやまとらしげ》を主将としたもので、信濃から奥三河に侵攻し、奥三河国衆を従属させ、長篠城（新城市《しんしろ》）に在陣して野田城（同）攻略をすすめた（「当代記」）。また岩村領には進軍してはいない。岩村城での取り合いは、武田軍の進軍をうけて、同城で武田方と織田方に分かれて抗争があったことを伝えるものとみなされる。

この状況を知った上杉謙信は、十八日付けで家老河田長親《かわだながちか》に宛てた書状で（愛11八一八）、信玄が信長と家康を敵にしたことは「運の極み」であり、「大事の覚悟」（大がかりな仕事への心構え）を怠るもの、と述べ、信長・家康と連携することで、来年春からは、信玄に「汗をかかせられる」と見通している。そして信玄の行為を、「蜂の巣に手を挿すような無用のことをしでかした」と評している。これは謙信が身内にある家老に述べていることなので、謙信の本音とみることができる。信玄が信長・家康に敵対したことについて、「蜂の巣に手を挿すようなものだ」と喩《たと》えているのは、とても印象深い。

信玄から侵攻をうけた信長の反応については、十一月二十日付けで、信長が謙信に宛てた書状にみることができる（上Ⅰ一一三一）。信長は、信玄からの依頼で、謙信に信玄との和睦をはたらきかけていて、直前の七月には、そのために謙信に使者を派遣していたことについてはすでに述べた通りである。にもかかわらず、信玄は掌《てのひら》を返して、突如として敵対してきたのであった。そのため信玄の行為は「前代未聞の無道」であり、信玄は「侍の義理」を知らないものだ、と酷評している。そして信玄に対する遺恨は、決して無くなることはないとして、信玄とは再び同盟を結ぶことはないことを、謙信に起請文で誓約するのであった。

かたや家康は、二年前に自ら信玄に手切れしているので、信玄から侵攻をうけることは覚悟していたに違いない。しかしその時とは情勢が変化していた。二年前の時点では、上杉謙信・北条氏政と連携し、信長にも信玄との同盟を破棄させて、信玄を追い詰めることを図っていた。ところが信長は朝倉・浅井両家や本願寺との抗争に追われ、畿内近国に釘付けの状態になり、前年には信玄が北条家と同盟したことで、謙信は北条家と越中《えっちゅう》の二方面での軍事行動を強いられるようになった。気がつけば家康は、信玄に対して孤立した状態になっていた。

信玄は、十月二十一日の時点で、高天神城について、城主・小笠原氏助《うじすけ》（氏興《うじおき》の子）が降参する状況にあるとしているので（戦武一九七六）、それからしばらくのうちに攻略したとみなされる。この頃には、北遠江犬居《いぬい》領の天野家も従属してきたとみなされる（本多隆成『徳川家康と武田氏』）。二俣城については、実際に攻撃を始めたのは十一月八日頃からのこととみられていて、それを攻略するのは十一月晦日であった（本多前掲書）。

そうして二俣城が信玄に攻略された時には、高天神領・犬居領・二俣領・井伊谷《いいのや》領が武田方に経略された。三河でも、作手領・田峯《だみね》領・長篠領が武田方に経略された。足助《あすけ》領もそうであった可能性もある。そして徳川方として残っていたのは、遠江では懸川城、堀江城、そして本拠の浜松城にすぎず、三河では岡崎城・吉田城・田原城・野田城などにすぎなくなっていた。家康は信玄の侵攻をうけて、二ヶ月も経たないうちに、遠江と三河の半分以上を経略されてしまったのであった。

なおこの時の信玄の軍事行動は、家康に対してだけでなく信長にも向けられていた。しかし本書でそれらすべてを取り上げることは難しいので、基本的には家康に対するものを中心に取り上げざるをえない。この時期における信玄と信長・家康をめぐる軍事関係・政治関係については、本多隆成氏（『定本　徳川家康』『徳川家康と武田氏』『徳川家康の決断』など）、平山優氏（『長篠合戦と武田勝頼』『新説　家康と三方原《みかたがはら》合戦』『徳川家康と武田信玄』など）、柴裕之氏（『徳川家康』など）の研究を参照いただきたい。

信玄は十一月晦日に二俣城を攻略すると、同城に進軍し、同城の普請をすすめた。これは信玄が、同城を遠江支配の拠点にしようとしたことを示していよう。家康はいよいよ信玄を迎え撃たなければならなくなった。しかし家康と信玄では、動員できる軍事力にあまりにも格差があった。それを解消するには信長の援軍が必要であったが、信長自身は朝倉・浅井両家などへの対応のため、自ら出陣してくることはできなかった。そのため援軍が派遣された。すでに十一月十九日の時点で、三千余の軍勢が派遣されてきていた（戦武一九九〇）。信長も翌日に謙信に宛てた書状で、「一手《いって》」を派遣したことを述べている（上Ⅰ一一三二）。その軍勢とは、信長から家康への取次《とりつぎ》担当であった家老の佐久間信盛《さくまのぶもり》、重臣の平手汎秀《ひらてひろひで》、そして従属国衆の水野信元であった（「当代記」など）。しかしこれでも武田本軍に対しては劣勢にあったことはいうまでもない。

そうして起きるのが三方原合戦である。この合戦の実態を伝える当時の史料はなく、これまでは『三河物語』の内容が取り上げられてきた。そこには、信玄は三河から東美濃を通って上洛しようと、三方原の台地に上がって、井伊谷を通って長篠に進もうとして、井伊谷領祝田《ほうだ》（浜松市）に下ろうとしていたところ、十一月二十二日に家康は、「浜松城から三里に近づいているので打って出て合戦する」と宣言し、「大勢であっても我が屋敷の裏口を通ろうとしているのに、内にいて出ていって咎《とが》めない者はいない、負けると思っても出て行って咎めるものだ、我が領国を通っていくことを、大軍だからと出て咎めないわけにはいかない、合戦せずにはすまない、合戦は軍勢の多さではなく天道次第である」と言って、家臣を鼓舞したことが記されている。小説やドラマで馴染みのある場面であろう。

これに対して『信長公記《しんちょうこうき》』には、信玄は堀江城を攻撃し、そこに家康が出陣してきて、三方原で合戦になったと記されている（角川ソフィア文庫本一三八頁）。信玄の進軍先が長篠城であったのか堀江城であったのか、両史料では一致していない。近時、信玄は堀江城攻撃に向かったため、家康はそれを阻止するべく出陣し、三方原で合戦になったとする見解も出された（平山優『新説 家康と三方原合戦』『徳川家康と武田信玄』）。しかし『信長公記』には、信玄は堀江城を攻撃し、在陣したと明記されている。この内容を前提にすると、家康が出陣してきたことで、三方原で合戦になっているのだから、それは武田軍が徳川軍迎撃ないし牽制《けんせい》のために引き返したことになる。しかもそれは、「大沢基胤《おおさわもとたね》合戦注文」（戦今二五二三）の内容にも一致している。同史料は合戦日を二十七日と誤記しているものの、堀江城攻撃のあとに三方原合戦が起きたことを記している。

これらにより、信玄はまず堀江城を攻撃し、そこに家康が出陣してきたため、引き返して三方原に在陣したとみることができる。そのうえで合戦になった経緯は、「当代記」の記述が注目される。それには、信玄は二俣城の普請を終了させ、在城衆を置くと、二十二日に出陣し、井伊谷領都田《みやこだ》（浜松市）を通過して三方原に進軍した。そこへ徳川軍の物見勢一〇騎・二〇騎が攻撃し、武田軍と交戦状態になったので、家康はこれを救援するため浜松城を出陣、思いがけずに武田軍と合戦になってしまった。徳川軍は敗北し、千人余が戦死した。武田軍は浜松近辺を放火したが、城下には攻め込まなかった。武田軍では浜松城を攻撃するかどうか評議したが、家康の居城であるため簡単には攻略できないと話し合い、十日ほど無為に在陣した。この時に信長からの援軍は佐久間信盛・平手汎秀・水野信元などで、平手は戦死し、水野は岡崎まで退却し、裏切りしたような有様で、おそらく信玄に味方するための企みだろう、とある。

この「当代記」の内容は、家康の勇壮さを強調する『三河物語』にみえているような、家康を美化するところはなく、実に自然な内容である。そのため合戦の実態をもっともよく伝えていると認識できる。ここからすると合戦は、徳川方の物見衆が、偶然にも武田軍に遭遇してしまい、戦闘に入ってしまったので、家康はそれら家臣を救出するために出陣してきたが、逆に戦闘に巻き込まれて、武田軍と本格的な合戦になってしまったという、いわば偶発的に生じたもの、とみることができる。

なお『信長公記』では、堀江城攻撃中に、徳川軍が出陣してきたと記されていた。しかし「当代記」は、都田から三方原に進軍した武田軍に、徳川軍の物見が遭遇したことで合戦になった、と記していた。両者が伝える内容は、微妙に矛盾している。しかし『信長公記』の内容も、「大沢基胤合戦注文」の存在を踏まえれば、基本的には事実を伝えているとみなされる。それらの記載について整合的な解釈をこころみれば、『信長公記』での、徳川軍の出陣は、武田軍が三方原に転進してきたことをうけてのことと理解し、「当代記」での、都田から三方原に進んだ、というのは、途中の堀江城攻撃を省略したと理解すれば、解決できる。

そして武田軍が堀江城から三方原に転進したのは、堀江城攻略を中断して、徳川軍を牽制するため、あるいは奥三河に進軍するため、と考えられるのではないか。平山優氏（『徳川家康と武田信玄』）が検討したこの地域の交通状況をもとにすると、堀江城から奥三河に向かうには、一旦、三方原に出る必要があったと考えられ、三方原への転進は決して不自然な行動ではなかった。堀江城攻撃の中止の理由はわからないが、徳川軍に出陣の気配がみられたことによるかもしれない。私はこれこそが、三方原合戦の真実であると考える。

合戦は徳川軍の大敗で、「当代記」では、両軍の軍勢数を武田軍は二万人、徳川軍は八千人であったとし、徳川軍では千人余が戦死したという。この戦死者数は、信玄が朝倉義景に戦勝を報せた際に、「千余人討ち補り」と述べているのにも一致している（戦武二〇〇七）。徳川方の大敗であったことは間違いない。しかもこれほどの大敗は、家康にとって、まさに最初で最後の生涯に一度だけのことであった。そのため家康を神格化した江戸時代に、この大敗についても美化されて、『三河物語』の内容が生み出されたのであろう。

信玄死去による危機脱出

家康は信玄に三方原合戦で大敗を喫してしまった。しかもそれは偶発的に生じてしまったものであった。家康としては、武田軍とは圧倒的に戦力差があったため、正面切っての合戦を回避する方針であったと思う。ところが偶発的に合戦におよんでしまい、しかも大敗してしまった。そのためすぐの反撃は難しい状況になったに違いない。ところが武田軍は、合戦後すぐに動くことなく、十日も在陣を続けた。おそらく気賀《けが》の刑部《おさかべ》においてであろう。そしてそこで越年してしまうのである。

そもそも信玄は、二俣城を攻略してから二十日ほど、何の行動も示していない。そして合戦後も十日ほど動いていない。それはいうまでもなく、信玄の病状が悪化していたためとみてよかろう。また刑部に在陣を続けたのは、家康の出方を探るためであったろう。「当代記」にも、浜松城は家康の本拠のため、攻略には時間がかかることが見越されていた。信玄は、家康が反撃に出てくることはないと確信したことで、年明けになって行動を開始することにしたと思われる。

そこでの行動についても「当代記」に詳しい。明けて天正元年（一五七三）正月三日に進軍を開始した。三方原合戦から十一日後のことであった。刑部での在陣はちょうど十日ということになる。その日、井伊谷領井平《いだいら》（浜松市）を通って三河に入り、野田城の攻撃を開始した。しかし攻略には時間を要し、攻略したのはそれから一ヶ月以上が経った二月十七日のことであった（愛11 八六六）。なお「当代記」は野田城攻略を「二月十八日」としているが、これは単純な誤記・誤写であろう。これをうけて信玄は、長篠城に入った。この長篠への移動について、後退したとみる考え方もあるが、奥三河衆の人質をこの長篠城に集めていること、野田城についてはその後、廃城にしていることからすると、信玄は奥三河における拠点として、この長篠城を位置付けたと考えられるであろう。

信玄がそこからどのように軍事行動しようと考えていたのかはわからない。信玄は三月十二日には、奥平家の作手城、田峯菅沼《すがぬま》家の田峯城や武節《ぶせつ》城などに在城衆を置いたうえで、甲斐《かい》への帰国の途について退陣したようである。軍勢も十六日には信濃に向けて退陣したらしい。その状況は、「一円隠密」で、「物紛れに退く」ものであったという（愛11八七五）。しかし信玄の病状は極めて悪化していたのであろう、甲斐に帰国するまでその生命はもたず、その途上で、四月十二日に信濃伊那郡駒場（阿智村《あちむら》）で死去してしまった。

この武田軍の退陣、そして信玄の死去によって、家康はまさに窮地を脱することになった。信玄の病状が深刻化することなく、そのまま進軍を続けていたとしたら、残された領国をも経略されるなど、徳川家の存立そのものが危機におちいった可能性すらあった。しかし家康は、図らずもその危機を乗り切った。しかもそれは信玄の病気という、家康にはどうしようもないことによった。ここに家康の強運をみることができる。家康はかろうじて、滅亡を覚悟せざるをえないほどの、信玄の脅威から解放されたのであった。

武田信玄は死去したものの、公式には病気のため隠居したとされ、七月に嫡男になっていた四男勝頼が家督を継承した、という体裁がとられた。そして信玄の死去は三年間は秘されるものとされた。実際にも武田家ではこのことは遵守され、信玄は「御隠居様」と称されて、生存しているかたちがとられ、三年後の天正四年四月十二日に死去したとして、公式の葬儀がおこなわれるのである。

しかし信玄死去の情報はすぐに流れた。死去から十三日後でしかない二十五日に、上杉謙信のもとに信玄死去の風聞がもたらされている（愛11　八八一）。上杉家では同月晦日には「信玄遠行《えんこう》（死去）必定」と、信玄死去を確信している（静8　六二九）。そうした状況をうけて、家康はすぐさま行動をおこした。五月上旬に駿河に侵攻し、久能《くのう》や駿府《すんぷ》まで攻撃したといわれている（静8　六三五）。もっともこれは誇張で、実際には岡部（藤枝市）への侵攻だったと考えられている（平山優『長篠合戦と武田勝頼』）。いずれにしろ駿河まで侵攻したことは間違いないようで、これにより家康は信玄死去を確信したことであろうし、この連絡をえて謙信もまた確信を強めるのであった。

家康は、武田家の反撃はしばらくおこなわれないと判断して、三河の奪回に取り組んだ。そして七月二十三日から長篠城攻略をすすめた（愛11　八九六）。さらに八月二十日には、作手領の奥平定能・信昌父子を従属させた（戦今二五三六）。しかし定能の父道紋《どうもん》（実名定勝）はこれに応じなかったため、定能・信昌は作手城を攻略することができなかったばかりか、逆に同城から退去して、宮崎城（岡崎市）に在城せざるをえなくなっている。勝頼も、御一門衆穴山武田信君・武田信綱《のぶただ》、家老山県昌景らの軍勢を派遣して長篠城への支援を増強している。しかし家康は、九月八日に同城の攻略に成功し（「当代記」）、そのため十四日には武田軍の援軍も帰陣した（戦武二一七七）。

家康は、武田家が三河における拠点に位置付けていた長篠城の攻略に成功した。この頃には高天神領の小笠原氏助を従属させたとみなされ、また信康の初陣として足助城を奪回したことが伝えられている。けれども家康の反撃もここまでであり、九月二十一日には、作手領在城の武田軍によって、宮崎城の奥平父子が攻撃されるなど（愛11九〇九）、家康の反撃は順調にはすすんでいない。信玄の跡を継いだ勝頼は、七月に正式に家督を相続するやいなや、ただちに長篠城支援のために大軍を派遣してきているように、武田家の勢威はいまだ健在であった。

氏真は家康を頼る

しかし武田信玄の死去は、氏真の運命を大きく変えた。氏真は、前年の元亀三年（一五七二）五月十九日に、滞在していた早川の久翁寺《きゅうおうじ》で父義元《よしもと》の十三回忌法要をおこなった時まで、北条家のもとにいたことが確認された。ところがこの天正元年（一五七三）八月には、家康のもとにいることが確認されるのである。それは家康が作手奥平定能・信昌父子に宛てた起請文から判明する。家康が奥平父子に出した起請文のなかで（戦今二五三六）、奥平父子に示した従属にともなう条件の一つとして、「三浦諸職の義、氏真へお断り申し届けて申し合わすべき事」と、今川家家老筆頭の三浦家の名跡を、氏真に申し入れてその了解を得て、奥平父子に与えることがあげられている。これによってこの時、氏真が家康のもとにいたことを認識できる。

すなわち氏真は、元亀三年五月から翌天正元年八月のあいだに、北条家のもとを離れて、家康のもとに移っているのである。移った時期は判明していないが、その間に氏真の動向に大きな変化をもたらしたこととしては、武田信玄の死去、それをうけての家康による反撃の開始、しか考えられない。実際の移動の時期はまだ確定できないが、そうした情勢をうけて、氏真は家康を頼り、家康のもとに移ってきたと考えられる。そしてそれは当然、家康のもとで駿河回復を図るためであった。

それまで庇護をうけていた北条家は、武田家と同盟しているため、北条家のもとでは駿河回復を望めなかった。氏真が北条家から離れて、家康を頼っているのは、あくまでも駿河回復を図るためであり、氏真は決してそれを諦めてはいなかったのであった。北条家から退去する際、当主の北条氏政や、氏真妻の早川殿《はやかわどの》の母の瑞渓院殿《ずいけいいんでん》が、どのように対応したのかはわからない。

もっとも家康と氏真・氏政は、以前に互いに「入魂」するという停戦和睦を成立させていた。その盟約がこのときまで継続されていたのかはわからない。武田家が家康と明確に抗争を開始したからには、氏政は家康との通信を遠慮せざるをえなくなっていたとみられる。さらに三方原合戦の際、氏政は武田家に援軍を派遣しているので、明確に家康とは敵対関係になっていた。しかし家康に対して、とくに含むところがあってのことではなかった。ましてや氏真は、その時の立場とは違うものにはなっていたけれども、家康との盟約を破棄する必要はなかったことであろう。

そうしたなか信玄が死去し、家康が武田家への反撃を開始したことをうけて、氏真は、諦めかけていたかもしれない駿河復帰を、再び望むようになったと思う。そして氏政に、家康のもとに移ることを申し出たのであろう。氏政や瑞渓院殿には、氏真の駿河回復を叶えられなかった負い目もあったに違いない。そのため氏真の申し出を受け容れたと思われる。しかも氏真の退去は、家族ぐるみのものであったと考えられる。その移動は海路でおこなわれた。しかしそれを氏真が独力でおこなうのは無理であったろう。そこでは北条家から支援があったとしか考えられない。

しかし徳川家領国とのあいだには、武田家領国となっていた駿河が存在した。移動は、武田家には報せずにおこなわれたとみなされる。氏真がそのことに関して発言している文書が存在している（戦今二五八五）。

（氏真花押）

今度忍んで渡海せしむるの処に、相州より跡を慕いて来るの条、はなはだ忠信の至り也、此《こ》の一乱以来、相違無く奉公せしむるの上は、本意の時においては、忠賞に及ぶべく候、此の旨を守りいよいよ奉公肝要たるべき者也、此の旨仍《よ》って件《くだん》の如し、

三月十五日

朝比奈弥太郎殿

これは氏真が、小田原居住時でも側近家臣として存在していた朝比奈泰勝（一五四七〜一六三三）に宛てた感状《かんじょう》である。これまで年代は比定されてこなかった。袖に据えられている花押《かおう》型は、のちに氏真が出家して法名《ほうみょう》「宗誾《そうぎん》」を称した時期に使用したものであるから、氏真が法名宗誾の署名で出した文書が確認される天正三年より以降のものと推測されてきた。しかし本文冒頭にある「今度忍んで渡海せしめ」というのは、氏真の行動を示しているので、これは氏真が相模《さがみ》から遠江に移住してすぐに出されたものとみなすことができる。

武田信玄が死去するまで、遠江・駿河は戦乱状況にあったから、とても遠江への移住は考えがたい。ここからも氏真の遠江移住が、信玄死去後のことであったことが認識される。そのためこの文書は、翌年の天正二年に出されたものとみることができる。それ以前における氏真の

発給文書は、元亀元年に出されたものが最後であったから、実に四年ぶりに確認されるものになる。

これによれば氏真の移住は、「忍んで」おこなわれたことがわかる。これが意味するところは、北条家においてもおおっぴらにはされず、また側近家臣も連れて行かない、ごくわずかの同行者だけでおこなわれた、ということであろう。その際には北条家から、船の用意などの便宜が図られたに違いないが、それは隠密でおこなわれたのであろう。とするならば、それは当主の氏政は容認してのことであったろうか。もしかしたら早川殿の母・瑞渓院殿が、氏政にも内緒で、独自の裁量でおこなったという可能性も十分にある。いずれにしても氏真一行の移動は、決して簡単なことではなかったことは間違いなかろう。しかしその危険をおかしてまで、氏真は家康のもとに移ることを希望したのだと思われる。

またその文書から、小田原に取り残された氏真家臣のうち、朝比奈泰勝は、翌年三月に、わざわざ氏真を慕って、小田原を脱出して、氏真のもとにやって来たことがわかる。他の家臣の多くは、そのまま北条家に仕えたことであろう。具体的にも、北条氏規《うじのり》に仕えた朝比奈泰寄（泰勝の兄、一五四二～一六一七）、北条宗哲《そうてつ》に仕えた大草次郎左衛門尉《さえもんのじょう》・三浦義次などが確認されている（前田利久「今川家旧臣の再仕官」）。しかし朝比奈泰勝は、そのまま北条家に仕えるのではなく、あくまでも氏真の家臣であり続けることを望んで、翌年に遠江に移住してきたのであった。彼ほどの側近家臣すらも小田原に残してきたのであるから、逆に氏真の移住は、それこそ家族とその侍臣だけでおこなわれたことがうかがわれよう。その後の氏真の家臣としては、この朝比奈泰勝のほかは、蒲原《かんばら》助五郎・岡部三郎兵衛尉が知られるにすぎないが（『家忠日記』）、彼らも泰勝のように、跡を慕って、小田原を脱出して追いかけてきた者たちかもしれない。

対して氏真を迎えた家康は、氏真を庇護することを、快く受け容れたと思われる。武田家領国となっていた駿河を経略するにあたって、前駿河国主の氏真を擁することは、武田家に従っている今川家旧臣や領民を取り込んでいくうえで、大いに有効と考えたことであろう。また氏真は、まがりなりにもかつて駿河・遠江・三河三ヶ国の領国統治を経験していた存在であった。領国を複数に拡大しつつあった家康にとって、大規模な領国の統治は未経験の領域であった。それに相応しい大名家としての格式や作法を確立させる必要もあった。そうしたことを考えると、それの経験者で、かつ同じ地域の統治経験をもっていた氏真の存在は、十分に頼りになると考えたのではなかろうか。

しかしそのような政治的理由だけからではなかったようにも思う。氏真とは、家康が今川家から自立を図って以来、九年におよんで抗争を展開したものの、それまでの一一、二年におよんで、駿府で交流を深めていた間柄であった。少年期から青年期にかけて、親しく交流した経緯は、氏真への親近感をもたらしていたことであろう。家康は、かつて自身が主人として仰いでいた氏真から、庇護を求められてきたことに、喜んで応えたのではなかったか、と思うのである。

こうして家康と氏真は、再び親しい交流をみせていくことになる。氏真は、家康の本拠の浜松城で生活することになった。とはいえその立場は、かつてとは逆転して、家康が主人、氏真がその家来という立場になった。氏真はそれを理解したうえで、家康を頼ったのであろう。そのことに対する氏真の心情が、どのようなものであったのかはわからない。おそらくは複雑なものがあったことであろう。しかし駿河復帰のためには、そうしたものを押し殺さなければならなかったし、氏真はそれを実行できる人物であった、ということであろう。

氏真は家族ともども、移住してきた。妻の早川殿、八歳ほどになっていたとみられる長女、四歳の嫡男（範以《のりもち》）、さらに妹の貞春尼《ていしゅんに》、伯母の中御門宣綱《なかみかどのぶつな》後室の娘、なども同行した。なお伯母の中御門宣綱後室については、元亀二年八月まで、氏真とともに早川に居住していたことを最後に（静8 三五〇）、その後の動向は確認されなくなっている。そのためこの時も、氏真に同行していたのかは確認できない。ただしまだ生きていたならば、必ずや同行していたことであろう。そしてそれら氏真の家族も、こののち家康から庇護をうけて、徳川家の動向にも深く関わっていくことになるが、その状況については、その都度に触れていくことにしたい。

なおこの後における氏真とその家族の動向については、関係する史料が断片的にしか残されておらず、そのため必ずしも十分には明らかにならない。天正元年以降の氏真の動向については、井上宗雄氏の研究（「今川氏とその学芸」観泉寺史編纂刊行委員会編『今川氏と観泉寺』所収）、柳沢利沙氏の研究（「一六世紀における今川氏の動向について」東京学芸大学近世史研究会編『高家今川氏の知行所支配《ちぎょうしょ》』所収）、長谷川幸一氏の研究（「天正元年以降における今川氏真の政治的地位」戦国史研究会編『論集 戦国大名今川氏』所収）、小山順子氏の研究（「今川氏真と和歌」）などがある。以下においては、それらの研究成果を踏まえながら、氏真の動向について述べていくことにしたい。

氏真と織田信長の対面

氏真は家康を頼ったのであったが、それは同時に、織田信長を頼ったことでもあった。この時の家康は、先に触れたように、信長に従属する立場にあった。奥平父子の従属も信長から承認をえなくてはならなかった。そのため氏真の庇護についても、同様に信長から承認をえておこなわれたと考えられる。そして実際に、信長もそれを承認していた。天正元年（一五七三）の九月七日付けで、信長は安芸《あき》毛利輝元《もうりてるもと》・小早川隆景《こばやかわたかかげ》に出した書状のなかで（戦今二五三八）、氏真について触れている。

そこでは「駿州の今川（氏真）、数年信玄に追い出され候て、北条を相頼み、豆州《ずしゅう》に蟄居《ちっきょ》す、此《こ》の節此方へ走り入らるるの条、黙止し難く、許容せしめ候、駿州出張の儀馳走し候、本意幾程有るべからず候」と記されていて、「駿河の今川氏真は、数年信玄に追い出されて、北条家を頼って伊豆で逼塞《ひっそく》していた。今回こちらに走り入って（降参の意味）きたので、見捨てておけないので認めた。駿河に侵攻することを援助し、その達成はすぐにできるだろう」と述べている。

ここで信長は、氏真が家康を頼ってきたことについて、「こちらに」と表現している。ここから家康の存在が、信長の勢力を構成するものであり、そのため家康を頼った者は、信長を頼ってきた者として認識されていることがわかる。おそらく家康は氏真を庇護するにあたって、あらかじめ信長から了解をえて、そのうえでおこなったと考えられる。氏真は、家康を頼ったのであったが、それは同時に信長に従うことでもあった。氏真にとって信長は、いうまでもなく父義元の怨敵《おんてき》にあたっていた。しかし氏真は、それを飲み込んで、信長に従うことを選択したことがわかる。

そして氏真が信長・家康に従ったのは、駿河回復のためであったことを明確に認識できる。しかも信長・家康は、それを支援する意向を持っていて、それをおこなえば駿河への復帰の実現はさほど時間はかからない、との観測を示している。もちろんこれは、毛利家への外交上の宣伝ではあったが、信長・家康が、氏真の駿河への復帰を支援することを取り決めていたのは、確実と認識できる。

ところでこの信長の文章のなかに、気になる文言がある。氏真が信長・家康を頼ってきたことについて、「走り入り」と表現していることである。この文言は通常、降伏して、出家姿になって、出仕してきたことを表現している。実際にも氏真は、その後に出家していて、法名「宗誾」を名乗っている。それが確認される最初は、天正三年四月三日のことで（「中山家記」小山前掲論文参照）、「今川入道」と記されている。したがって氏真の出家はそれ以前のことであったとわかるが、それ以上に時期を特定することはできない。氏真はその年正月に上洛していて、その年の動向について「今川氏真詠草」（前掲『今川氏と観泉寺』所収）という和歌集を残しているが、そのなかで出家のことについて特に触れていない。

とすれば、ここで信長が「走り入り」と表現していることを重視すると、氏真の出家は、信長・家康を頼ってきた際のこと、と考えることが可能になる。先に掲げた朝比奈泰勝に宛てた文書で、氏真は、その後に法名宗誾段階で確認される花押型を使用していた。そのことからすると、すでにその時点で出家していたとみることが可能であろう。この問題については、今後も検討していく必要があるが、ここでは天正元年八月頃、信長・家康を頼った際に、出家した可能性を想定しておくことにしたい。なお氏真は、出家後は法名宗誾を名乗るが、本書では以下においても、氏真の名で記していく。

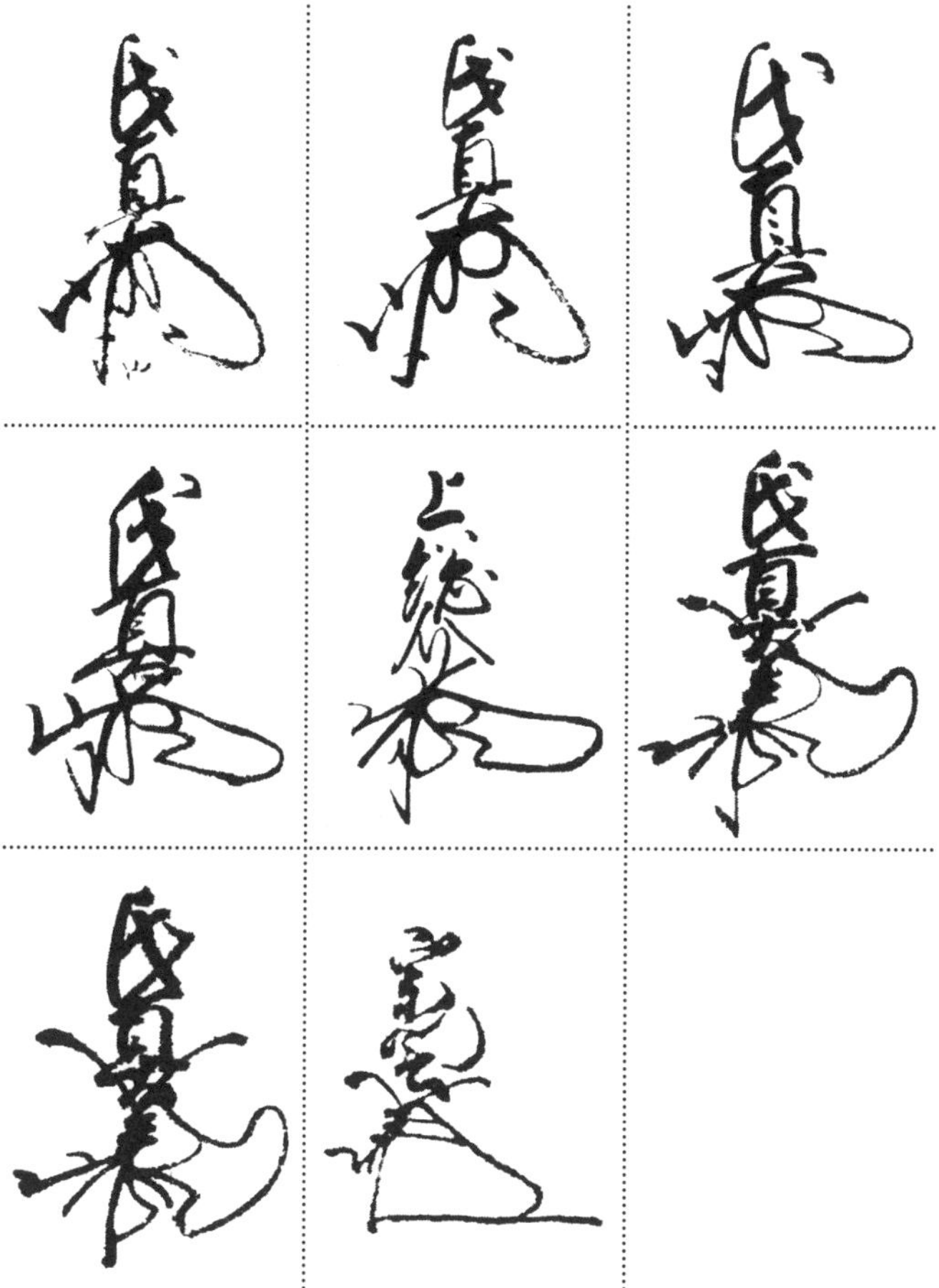

今川氏真の花押。大石泰史『今川氏滅亡』より

ちなみにその時に出家していたのだとすれば、氏真は、信長・家康に対して、明確に降参の作法をとったことになる。氏真は、懸川城開城の際に、家康とは和睦したものの、信長とは和睦していなかった。そうするとこの出家は、かつての怨敵であった信長に対して、もはや敵意はないことをかたちで示すことが必要になり、そのためにおこなわれたと考えられるであろう。こうしたことからすると、氏真が信長・家康を頼ることにしたことは、まさにその後の人生を決する、一大決意であったとみなされる。それはすなわち、それまでの過去の経緯をすべて捨てて、信長・家康のもとでその後の人生を生きていくことの決断であったといえるであろう。

さて信長・家康は、氏真から頼られたことをうけて、引き続いて武田家への反撃を図っていたと思われるが、実際はそこまで手が回っていない。むしろ天正二年に入ると、武田勝頼のほうが攻勢に出てきた。二月に織田家領国の東美濃に侵攻し、東美濃一帯を経略した。五月になると遠江に進軍して高天神城を攻撃し、六月十七日に攻略した。この時、信長は嫡男信忠《のぶただ》をも率いて、高天神城救援のために三河に進軍したが、到着は間に合わず引き返している。続いて勝頼は、九月から十一月にかけて、またも遠江に侵攻してきて、徳川方として残っていた懸川城への向かい城として、新たに諏訪原《すわはら》城（のち牧野城、島田市）を築城して帰陣したらしい（平山前掲書・本多隆成『徳川家康と武田氏』）。

このように武田勝頼は、東美濃を経略して領国を拡大し、家康に対しては高天神領を奪回して、反攻に転じてきたのである。これには信長も、「四郎（勝頼）は若輩だけれども、信玄の掟を守って、表裏《ひょうり》である（戦略に長《た》けている）」として、警戒の念を強めざるをえなくなっている（静8七七七）。家康は信玄死去により、滅亡をも覚悟せざるをえない危機を脱したのも束《つか》の間、今度は勝頼の攻勢をうけて、苦境に立たされるようになっていた。信玄亡き後も、家康にとって武田家は依然として大敵として存在していたのであった。

氏真の動向が確認できるのは、天正三年正月になってからになる。正月十三日に、上洛のため浜松城を出立した（以下、主に「今川氏真詠草」による）。上洛の目的は、織田信長への出仕のためであった。信長に従ったものの、いまだ氏真は信長に出仕していなかった。信長から駿河復帰のための支援をうけるためにも、信長に出仕して、それとの主従関係を構築する必要があったと考えられる。上洛がこの時になっているのは、信長の都合がつかなかったからであろう。信長・家康に従うようになってから、一年半以上経ってから、ようやくに信長への出仕が可能になったと考えられる。ちなみに井上氏は、それ以前に上洛して、信長に対面したことがあったのでは、と推測しているが、小山氏は、和歌の内容から、この時に初めて上洛したととらえている。

正月十三日は三河吉田城に宿泊、次の日は岡崎城に宿泊した。その後しばらくについて日付を確認できないが、そこからは織田家領国をすすんで上洛した。そして正月下旬には入京したとみられている。そしてその後、四月二十三日に帰国のために京都を出立するまで、京都中の名所を見物しながら、和歌を詠んでいる。そのなかで氏真は、三月十六日に京都相国寺《しようこくじ》に滞在する信長に、初めて出仕した。その際に、茶道具の名物・百端帆《ひやくたんぽ》を進上した。以前にも千鳥の香炉と宗祇《そうぎ》香炉を進上していたが、この時に宗祇香炉は返却されている（『信長公記』前掲刊本一七八頁）。

なおここから、氏真は上洛以前に、信長に茶道具を進上していたことが知られる。これに関連しているとみなされるものとして、天正元年と推定される十月二十五日付けの織田家家臣・塙直政《はなわなおまさ》書状と、十月二十九日付けの北畠《きたばたけ》（織田）信雄《のぶかつ》家臣の某房兼・教兼の書状がある（戦今二五四二～三）。それによると、氏真が伊勢大湊《いせおおみなと》（伊勢市）の角屋七郎次郎《かどやしちろうじろう》に預けていた茶道具が、信長から召し上げられようとしていたことが知られる。しかし大湊老分中は、十一月五日付けで、信長からの使者・津田一安に宛てた書状で、秋（七月～九月）のうちに氏真に返却したとし、預かり主の角屋七郎次郎も浜松の氏真のもとに赴いてしまっていることを返答している（戦今二五四四）。

この時、氏真は伊勢商人に茶道具を預けていて、それを回収していたことが知られる。信長に進上した茶道具が、その時の茶道具にあたるのかは確定できないが、その可能性はあろう。信長が、氏真のもとに返却された茶道具について、あらためて氏真に進上を要請したことは十分に推測できるように思う。

またこの対面において、信長は氏真が蹴鞠《けまり》に秀でていることを知る。それならば蹴鞠を見たいということになり、同月二十日に、同じく相国寺で蹴鞠がおこなわれた。いうまでもなく信長が氏真の蹴鞠を見物するためであった。蹴鞠には、氏真のほか、公家《くげ》の「三条殿《さんじようどの》父子・藤宰《とうさい》相殿《しようどの》父子・飛鳥井殿《あすかいどの》父子・弘橋殿・五辻殿《いつつじどの》・庭田殿《にわたどの》・烏丸殿《からすまるどの》」という面々が参加した（『信長公記』前掲刊本一七八頁）。

『信長公記』には、氏真の参加した蹴鞠はこの時のことしか記されていないが、四月三日と四日にも、信長の前で蹴鞠をおこなっていることが知られている。信長が滞在していた相国寺でのこととみなされる。三日の蹴鞠は、夕方に信長が蹴鞠をみたいと、飛鳥井雅教《まさのり》・雅敦《まさあつ》父子に言いつけ、「三条大納言」以下が参集して蹴鞠がおこなわれた。そのなかに「駿河ノ今川」「今川入道」と、氏真の名があげられている。続いて四日は、前日と同じメンバーで蹴鞠がおこなわれ、この日には信長自身も参加している（『宣教卿記』『中山家記』小山前掲論文参照）。

このように氏真は、三月十六日に信長に初めて出仕したのち、同二十日・四月三日・同四日と、記録に残されているだけでも、三度におよんで、信長の前で蹴鞠をするとともに、時には信長とも蹴鞠したことが知られる。このことについて、これまでは大抵、親の仇《かたき》の前で蹴鞠をおこなったことを屈辱ととらえ、それをさせた信長の意地悪さをみることが多かった（井上前掲論文・小和田哲男『駿河今川氏十代』など)。

もちろんこの時の氏真の心情はわかるべくもないが(和歌にも詠んでいない)、蹴鞠が戦国大名家において必須の教養であったことを踏まえると、かならずしもそのように否定的に認識する必要はないのではないか、とも思える。氏真は蹴鞠の名手として信長から認められ、信長がそれを見物し、さらに自身も参加したことは、信長が氏真の蹴鞠の技量を評価したことを意味しよう。信長は、戦国大名としての教養に秀でた氏真を素直に評価し、氏真もまたそれを披露することで、信長から一目置かれることに満足したという見方もできるように思う。

そしてこの蹴鞠の直後の六日、信長はにわかに和泉《いずみ》に出陣した。一方、三月下旬から、武田軍の先陣が奥三河に侵攻してきていた。そして四月十五日から足助城を攻撃し、十九日に城主鱸越後守《すずきえちごのかみ》父子を降伏させて攻略した。それにともなって浅賀井《あさがい》・阿須利《あすり》(豊田市)など近辺の小城は開城した(戦武一七〇四)。武田勝頼も、四月十二日に父信玄の三回忌法要をおこなったのちに出陣してきた。こうした情勢を伝え聞いたことで、京都に滞在していた氏真は、四月二十三日に三河に向けて京都を出立した。二十九日に尾張奈古屋《おわりなごや》(名古屋市)に到着した。

この時、武田勝頼は三河に出陣してきていて、先陣と合流して、吉田城攻撃に向かって、二連木城《にれんぎ》(豊橋市)を攻略していた(同前)。家康は、吉田城に在城してこれに対抗した。また信長は、武田軍の動向をうけて、前日の二十八日に岐阜城に帰還していた。そして翌五月一日、武田勝頼は長篠城の攻囲を開始する。これが二十一日の長篠・設楽原合戦へと展開していくことになる。

氏真の軍事行動再び

氏真は、天正三年（一五七五）の四月二十九日に、京都見物から帰還して、尾張奈古屋に到着していた。その後すぐの動向は判明しないが、五月十五日に三河牛久保《うしくぼ》城に着陣している（「今川氏真詠草」）。これは軍事行動としてのものである。浜松城に帰還したうえで、出陣したと考えるのが適当だろう。その日、家康は岡崎城に在城していた。信長も、家康への援軍として十三日に岐阜城を出陣していて、前日の十四日に同城に着陣していた。氏真の牛久保城への着陣は、先陣としてのものであった。ちなみにこれは、確認できる氏真の軍事行動として、元亀二年（一五七二）の駿河深沢城後詰め以来のものになる。

信長と家康は、十六日にともに岡崎城を出陣し、牛久保城に着陣した。そうすると氏真は、ここでも信長に対面したことであろう。信長と家康は、十七日に同城を出陣して野田原に着陣した。しかし氏真は、そのまま牛久保城に在城を続けた。長篠城攻囲の武田軍への後詰めとしてのものであった。信長・家康の本軍は、十八日に長篠城近くまで進んで設楽原に着陣した。軍事行動においては、「先陣は国衆が務める」のが定則であった。そのため家康は、より長篠城に近い位置に布陣する。これはこの軍事行動の主将が、信長であったことを如実に示している。信長は家康への援軍として出陣してきたのであったが、信長と家康の関係は、信長がすでに事実上の「天下人」として、家康を配下に置く関係にあったため、軍事行動は信長が管轄したのであった。

織田・徳川軍は、陣城《じんしろ》を構築し、しかも堅固に固めた。これをみた勝頼は二十日、織田軍らは「なす術《すべ》なく、とても困っている」と観測した。そのため敵陣を攻撃することを決断し（戦武二四八八）、設楽原に軍勢を移動させる。しかし信長は、陣城を堅固にすることで、武田軍との決戦を回避し、武田軍が後退することを図っていたと考えられる。信長は秋に本願寺攻めを再開することを予定していた。そのため軍勢に大きな損失を出すことは避けたいと考えていた、とみなされている（金子拓『長篠の戦い』）。ところがそれを勝頼は、信長の弱気とみてしまった。弱気の相手には積極的に攻撃するのが一般的であった。勝頼はそれにならって、織田・徳川軍への攻撃にでていったのである。

両軍の合戦は、翌二十一日におこなわれた。結果は武田軍の大敗で、御一門衆の河窪《かわくぼ》武田信《のぶ》実《ざね》（信玄の弟）・望月左衛門尉（信玄の弟信繁の三男、信濃国衆望月家の当主）、家老の馬場《ばば》信春《のぶはる》・山県昌景・内藤昌秀・原昌胤《はらまさたね》・甘利《あまり》藤蔵《とうぞう》ら、国衆の真田信綱・禰津《ねづ》月直《あきなお》・安中景繁《あんなかかげしげ》など、「一手」（軍団）を率いる錚々《そうそう》たる有力者が数多く戦死してしまうというものであった。敗戦により勝頼は甲斐に後退せざるをえなかった。

逆に信長と家康は、合戦後、武田方の諸城の攻略をすすめていった。信長はすぐに帰陣するが、嫡男信忠とその補佐役の家老・佐久間信盛の軍勢によって、六月に奥三河を経略させ、七月から東美濃の経略にあたらせた。家康は駿河国境に向けて進軍した。氏真もそれに従軍したとみなされる。氏真は、二十五日まで武田軍の残党掃討のため、山中を探索するため在陣を続け、二十七日に駿河国境に向けて進軍して、敵地を放火していることが確認される（「今川氏真詠草」）。これらは家康に従っての行動とみて間違いない。ちなみにこの時、氏真は、

月日へて　みし跡もなき　故郷《ふるさと》に　その神垣《かみがき》ぞ　かた計《ばかり》なる

という歌を詠んでいる。これは駿河に向けて進軍し、駿河に臨んで、本国であった駿河を失ったことの悲哀を詠んだものとみなされている。氏真の和歌には、感情を詠み込んだものはほとんどないようで、そうしたなかで、これは氏真の心情を示す数少ないものの一つとみなされている（小山前掲論文）。

この家康・氏真の駿河に向けた進軍について、信長は六月十三日付けで上杉謙信に宛てて出した書状のなかで（戦今二五七二）、「家康は駿州へ相働き、伊豆堺迄《まで》放火し候、今川氏真仕居

（据）るべく候と雖《いえど》も、兵粮《ひょうろう》いまだ出来せず候間、士卒のため先ず納馬《のうば》し候、来秋重ねて働くべく候」と述べている。「家康は駿河に進軍し、伊豆国境まで進軍して敵地を放火した」と記しているが、もちろんこれは誇張である。事実は駿河国境に向けて進軍したにすぎなかった。しかしそれでも、それまで家康は、領国の防衛に精一杯の状況にあったから、逆に敵地に進軍できるようになったことは、劇的な変化といいうる。

注目すべきはそのあとの文章である。「今川氏真を駿河に据え置こうとしたけれども、まだ兵粮の準備ができていないため、兵士のことを考えて、帰陣した。今度の秋（七月～九月）に、再び出陣する予定だ」と述べている。ここから家康の駿河侵攻が、氏真を駿河に復帰させるためのものであったことが認識される。このことを信長が発言していることが重要であろう。この時期の家康の軍事行動は、信長の管轄下でおこなわれていたとみなされる。そして氏真の存在も、信長の管轄下に置かれていたとみなされる。そうしたなかで信長がみずから、氏真を駿河に据え置くことを予定していると述べているのである。ここから、氏真を駿河に復帰させることは、信長の方針にもなっていたことがわかる。

この時の出陣は、兵粮の用意が十分でなかったため、家康は、氏真を駿河に据え置くことはできずに、帰陣した。そして家康は予定通り、七月になると再び駿河に向けて、武田家領国に侵攻した。そして七月に光明《こうみょう》城・犬居城（浜松市）を相次いで攻略、八月に諏訪原城を攻略した。そうして十二月には二俣城の攻略を遂げ、遠江中央部全域の経略を果たした。これにより遠江で武田方として残ったのは、東南部の高天神城・小山《こやま》城だけになった。家康は、武田信玄の侵攻をうけてから三年ぶりに、ようやく遠江の大部分の回復を遂げたのであった。

そのさなかの七月十九日に、氏真は上杉謙信に書状を出している（戦今二五七一）。ちなみにこの書状は、法名宗誾を署名して出した文書として、初めて確認されるものになっている。

急度《きつと》啓し達す、駿州へ家康出張に依《よ》り、同心せしめ、即《すなわ》ち敵城に向かい候、累年《るいねん》申し通じるの「人」（処か）、此の節に候か、家康より定めて委細申さるべく候と雖も、別して自分御合力、此の時に相極まり候、早々信州表へ御出馬、希《のぞ》むところに候、猶権現堂《なおごんげんどう》才覚有るべく候、恐々謹言《きょうきょうきんげん》、

七月十九日　宗誾（花押）

上杉殿

（本文現代語訳）

こちらから申します。駿河へ家康が進軍したため、それに同心して、すぐに敵城に向かいました。長年通信してきたので、（その成果を示されるのは）この時でしょう。家康からきっと詳細が伝えられるはずですが、とりわけ御自身での援軍は、この時しかありません。

すぐに信濃に御出陣されることを望んでいます。なお（使者の）権現堂が対応することになっています。

ここで氏真は謙信に、家康が駿河に出陣したこと、氏真もそれに同行していること、すぐに武田方の城の攻略をすすめていることを伝えている。そのうえで、謙信とは長いあいだ通信してきた間柄なので、その成果が示されるのはこの時であることを訴え、謙信自身による信濃への出陣を要請している。家康からも詳細が連絡されるはず、とあることからすると、家康からも謙信に通信がおこなわれていて、この氏真の書状は、それにあわせて送られたと考えられる。ただしこの時に家康から謙信に送られた書状は、残されていないため、その内容を確認することはできない。

家康は謙信と同盟関係にあったから、ここで家康が謙信に通信することに不思議はない。また氏真も、かつて同盟関係にあった。ただし元亀元年以来、通信は確認されていない。それによって氏真と謙信の通信は途絶えていたことであろう。その間、そもそも氏真が、一個の政治主体として存在していなかったこと、庇護をうけていた北条家が、謙信と敵対関係になったことで、通信の機会がなかったことによろう。しかしここにいたって、氏真は、かつての同盟関係をもとに、再び謙信に通信をはかり、さらに援軍としての出陣を要請したのであった。

ところでその元亀元年の時、謙信から、氏真が謙信に直接宛てて書状を出すことについて、「書札慮外《しよさつりよがい》」として、返信を拒否されていた。ところがここで氏真は、謙信宛てで書状を出している。果たして謙信は、これに返信したのか気になるが、関係文書が残されていないので、確認できない。あるいは氏真はこの時、信長の支援をえている存在で、かつ駿河に復帰することが予定されていたから、かつてと同じく駿河国主の家格を認められるようになっていたことも考えられ、その場合には、返信はあったかもしれない。ともあれ氏真は、ここに再び他の戦国大名に書状を出すなど、外交活動についても再開するようになっていたことがわかる。

牧野城主・氏真

こうして氏真は、天正三年（一五七五）になって、軍事行動や外交活動を再開するようになっていた。氏真の立場は、家康から庇護をうけたものであったから、おそらく家康から所領が与えられていたことであろう。また軍事行動しているのであるから、それが可能になる程度の家臣団を編成していたことであろう。さらにそうした氏真の存在は、家康の上位に位置した織田信長から承認をうけたもので、信長・家康の戦略として、氏真は駿河に復帰することが予定されていた。それが実現すれば、氏真は駿河国主として復活することになる。氏真はもちろんのこと、その家族、そして家臣団もその実現を期待したことであろう。

その第一歩とされたのが、翌天正四年三月十七日に、氏真が牧野城主に任じられ、同城に赴任したことであった（戦今二五七七）。その日、家康は東条松平家忠とその家老・松平康親《やすちか》（もと松井忠次）に判物《はんもつ》を出していて、そのなかで、

一、今度《このたび》氏真駿河入国に就いて、牧野城番のため、其方《そなた》相添え申し付けるにより、駿州山東知行分半分充行《あてがい》の事、

一、氏真に対し、諸篇《しょへん》異見申すべし、聊《いささ》かも疎略《そりゃく》せしむべからざるの事、

と二ヶ条で氏真について触れている。

最初にかかげた条文は、その判物の一条目として記されているもので、「今回、氏真が駿河に入国するにあたって、牧野城に在番することになり、あなたを付き添わせるので、駿河山東地域半分を所領として与える」という内容である。これによりこの時、氏真が牧野城主に任じられ、同城に赴任したことがわかる。

牧野城は、もとは諏訪原城で、武田家が徳川方の懸川城に対する向かい城として構築した拠点であった。家康は前年八月に同城を攻略したが、それを駿河に対する前線拠点に仕立て直し

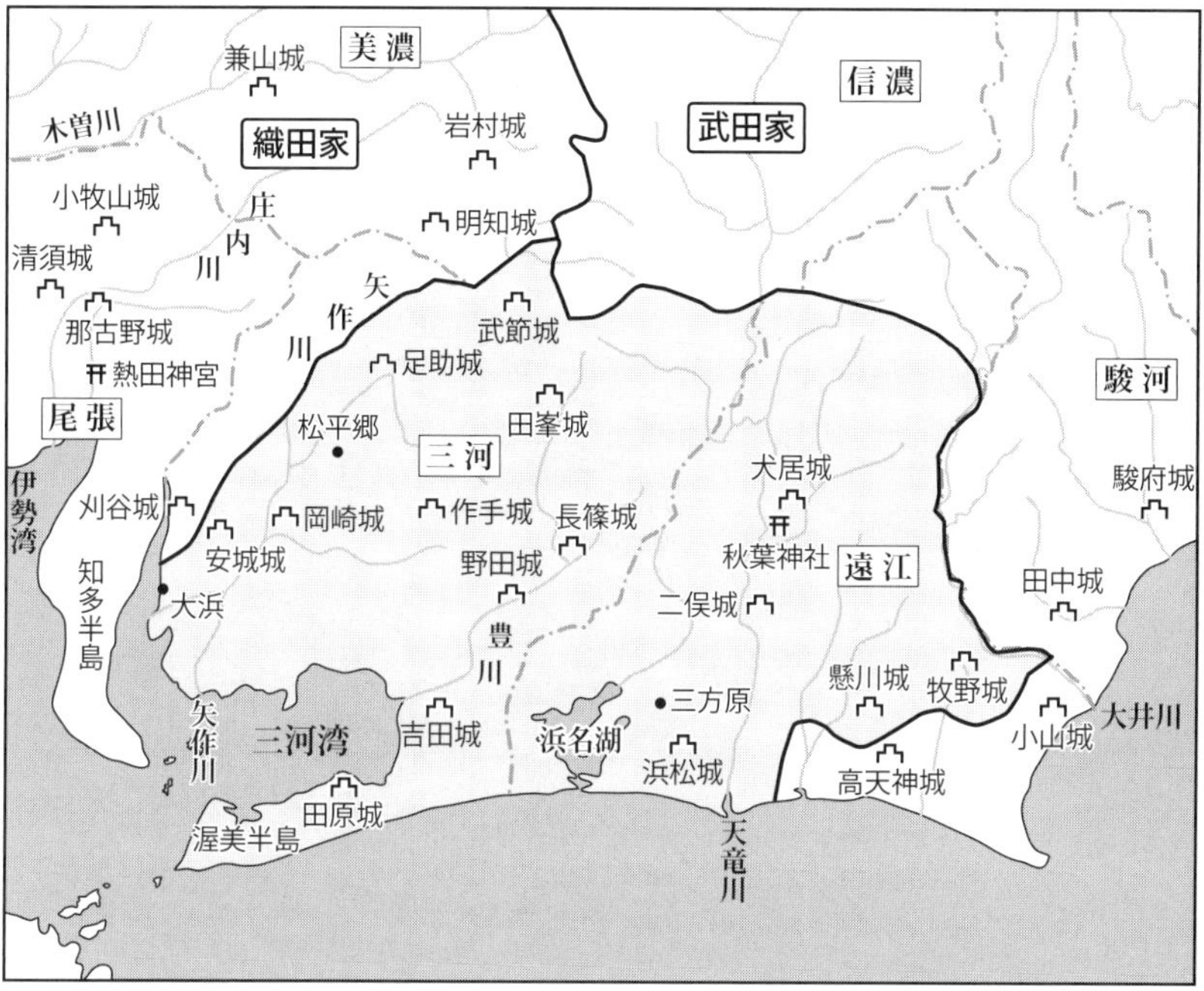

天正４年時の徳川家領国図。谷口克広『信長と家康』をもとに作成

て、城名も改称していた。それより南部は、高天神城・小山城など、まだ武田方の拠点が存在していた。したがって当時、家康の東遠江における勢力は、この牧野城が最前線拠点に位置していた。すなわちそれは、駿河侵攻に向けての最前線拠点であった。氏真は、その城主に任じられたのである。それは氏真が、さらに駿河に侵攻する役割に任じられたことを意味した。

二番目の条文は、氏真の与力として存在する東条松平家忠・松井松平康親に、何事についても意見して、少しのことについても氏真を蔑《ないがし》ろにしないよう命じているものになる。氏真の家臣団は少数であったろうから、当然ながら一つの軍事拠点を維持する能力はなかった。そのため家康は、牧野城の在城衆として譜代家臣を派遣し、それを氏真に与力として配属した。東条松平家は、それ自体が一個の軍事組織であったから、軍事行動の際には、城主の氏真との連携が大切になる。そのため同城の維持やそこでの軍事行動について、何事も協力し合うことを命じているのである。

こうして氏真は、ついに一つの軍事拠点を任される存在になり、一城の主に復帰した。駿河大平《おおひら》城主を退任してから六年後のことになる。氏真はもう三九歳になっていた。駿河に対する最前線拠点の城主になったということは、徳川方による駿河経略を、氏真が最前線で担うことを示した。そして徳川方による駿河経略は、元駿河国主であった氏真の復帰のためであることを示した。

戦国大名が、敵方領国を経略する場合に、旧領主を擁して、その復帰支援を名目にすることは、よくみられた。それは旧領主にこそ、その地域を統治する正当性があり、現在の領主はそれを不当に奪った簒奪者であり、そのため旧領主を復帰させるための軍事行動に正当性があることを表現したのである。ここでの氏真の場合も、まさにそれにあたっている。さらにそこで、氏真が独力で駿河経略をすすめていけば、名目通りに駿河への復帰を認められたことであろう。

実際にも信長・家康は、そのことを氏真に誓約していた形跡がある。これから六年後の天正十年三月、信長は武田家を滅亡させると、駿河を家康に与えた。その武田家攻めで、家康は駿河の大半を経略したので、その功績への功賞であった。それに関わることとして、『武徳編年集成』同年三月二十三日条（前掲刊本二七〇頁）には、家康は「旧約の旨ある間、駿河半国を氏真に授けん」と、以前の誓約があるので、駿河半国を氏真に与えたい旨を、信長に申請したことが記されている。その典拠は不明ながらも、同史料は確かな典拠をもとに編纂されたとみなされるので、何らかの典拠が存在していたと考えられる。そのことが事実かは確認できないが、内容は十分にあり得ることと思われる。

そうであれば信長と家康は、氏真の駿河経略が実現すれば、駿河を与えることを約束していたと考えられる。「誓約」とあることからすると、起請文が与えられた可能性も想定される。もちろん氏真は、信長・家康に従属する段階で、忠誠を誓約した起請文を出していたことであろう。信長・家康からの起請文は、それをうけて出されたものであろう。それが下位者が上位者に従属する際の、当時の仕来《しきた》りであったからである。しかしその時、信長は、駿河経略は、家康の独力で遂げられたことをもとに、氏真への半国充行を認めず、全域を家康に与えた、と記している。

この所伝は、事実かどうか確認できないものの、当時の仕来りからすれば、十分に可能性のあることと思われる。それゆえ氏真が、駿河経略を実際に推進していくことができていたなら、駿河経略のあかつきには、半国を獲得することは、夢ではなかったであろう。しかし氏真はおろか、家康にしても、それ以上に武田方の経略をすすめることはできなかった。情勢が変化するのは、これから三年後の天正七年九月に、家康と北条家との同盟が成立し、それとの協同の軍事行動によって、家康が駿河に進軍するようになってからになる。そして同盟の効果によって、ようやくに同九年三月に高天神城の攻略を遂げて、遠江のほぼ全域の回復を遂げるのであった。

それまでは武田方とは、一進一退の攻防が繰り返された。氏真が独力で駿河経略をすすめることはもちろん、家康にしても、それ以上に経略することはできなかったのである。長篠・設楽原合戦で大敗したとはいえ、武田家はなお甲斐・信濃・駿河・西上野《にしこうずけ》四ヶ国を領国とした大規模戦国大名であった。遠江・三河二ヶ国の戦国大名にすぎなかった家康には、まだまだ武田家は大敵であった。

しかしそうした状況にあったなかで、氏真は、敵方の経略をすすめることはできなかったとはいえ、逆に最前線の牧野城をよく維持した、という見方もできる。氏真が牧野城主となったことは、いわば氏真が政治世界に明確に復帰したことでもあった。それは敵対する武田家にも、十分に認識されていた。

氏真が牧野城主になった直後にあたる天正四年四月三日、武田家は家臣から忠誠を誓約させる起請文を徴収したことがうかがわれ、それが唯一残存している木曽義昌《きそよしまさ》家臣による起請文のなかで（戦今二五七九）、「織田信長父子を始めとして、上杉謙信・同景虎《かげとら》並びに喜平次《きへいじ》（景勝《かげかつ》）、徳川家康父子・今河氏真・飛州衆」と武田家への敵対勢力が列挙されている。氏真はそこで、家康に続けてその名があげられているのである。

このことはすなわち、氏真の政治的地位が、一国を代表する存在として認識されるようになっていたことを示している。具体的には、旧駿河国主としてのものであったろう。こうして氏真は、牧野城主就任にともなって、国持大名に準じる政治的地位を復活させた、とみることができるであろう。

氏真は牧野城主を解任されたのか

氏真がいつまで牧野城主であったのかは、確定されていない。そもそも氏真の発給文書自体、その後ではわずか二通が残されているにすぎない。そのうちの一通は、天正五年（一五七七）に出されている。

牧野入城の刻より無沙汰無く奉公せしむと雖も、御内儀《ごないぎ》に任せて浜松へ罷《まか》り帰るの儀、是非に及ばず、本意の時においては走り参り奉公せしむべき也、知行配当等の儀は、一々その次第に申しつけ、相違有るべからざる者也、仍《よ》って件《くだん》の如し、

天正五年丑《うし》

三月一日　宗誾（花押）

海老江弥三郎《えびえやさぶろう》殿

これは家臣の海老江弥三郎に出した判物になる。内容は「牧野入城の時から怠りなく奉公してきたけれども、家康の意向（「御内儀」）に従って浜松に帰還することについて、仕方が無い。本意を遂げた時にははせ参じて奉公しなさい。知行を与えることなどのことは、その時々に順

序立てて処置することを間違いなくおこなう」というものになる。

　これまでこの文書は、氏真が牧野城主から解任されたことを示すものとして扱われてきた。家康の命令で浜松に帰還する動作主体を、氏真ととらえてきたためである。しかしそれより前の文章は、海老江が、氏真が牧野城に入城してから、怠りなく奉公してきた、という内容であるから、動作主体は海老江と理解するのが妥当である。すでに長谷川氏も、そう解釈できることを推測しているが、それが妥当である。

　海老江の立場は、家康の直臣であったが、氏真の旧臣であったため、氏真に与力として配属されていたと考えられる。それが家康の命令で、浜松に帰還することになった。氏真は海老江に対して、駿河国主として復活した際には、氏真の家臣として召し抱え、所領を与えることを約束していたのであろう。そのためここで、そのことをあらためて約束していると理解される。

　したがってこの文書は、氏真が牧野城主を解任されたことを示すものではない。氏真はその後も、同城主を務めたと考えられる。もっともその後の動向については、『家忠日記』にわずか四箇所にみられているにすぎない。そのため非常に断片的にしかその動向を知ることができない。

　一つ目は、天正七年十月八日条で（静8　一二三六）、「侍衆半分三河へ返し候、氏真様われわれ陣所へ御越《おこし》候」とある。記主の深溝《ふこうず》松平家忠は、前月四日に牧野城在番に着任していた。この日、松平家忠の軍勢の半分を三河に帰還させていて、そこに氏真が家忠の陣所を訪問してきたことが知られる。これは氏真が、城主であったから、在番衆の陣所を訪問したものと理解される。

二つ目は、翌十月九日条で（同前）、「氏真様御ふる舞い成され候」とある。氏真が松平家忠を接待している。これも城主として、在番衆を接待したものと理解される。

三つ目は、天正八年九月二日条で（増補続史料大成本刊本八二頁）、「氏真衆蒲原助五郎《かんばらすけごろう》越され候」とある。氏真が家臣蒲原助五郎を、松平家忠のもとに派遣している。松平家忠は、この時は本拠の三河深溝（幸田町《こうたちょう》）に在所していた。しかし引き続いて牧野城の在番を務めていた。氏真が家臣を家忠の在所まで派遣しているのは、城主として、何らかの用事があったためと考えられる。そのため氏真は、この時点でも牧野城主であったとみなされる。

最後の四つ目は、天正九年六月二十五日条で（前掲刊本一〇五頁）、「氏真衆岡部三郎兵所へふる舞候て越し候」とある。松平家忠が、氏真家臣の岡部三郎兵衛尉を接待するために、そのもとを訪問している。在番衆の家忠が、わざわざ氏真家臣のもとに出向いて、それを接待しているのであるから、やはり氏真の立場は、引き続いて城主であったと理解される。

このように氏真はその後も、牧野城主として存在していたとみて間違いない。その時期は、天正九年六月まで確認できることになる。そうすると氏真は、翌十年三月の武田家滅亡の時期まで、牧野城主を務めたととらえることができるであろう。

しかしその一方、松平家忠が牧野城在番に着任して一ヶ月以上経ってから、氏真から接待をうけていること、在番中の松平家忠が氏真家臣の岡部を接待していること、氏真そのものの動向がほとんど記されていないことなどから、氏真はほとんど牧野城に在城していなかったことが推測されている（長谷川前掲論文）。おそらくその推測はあたっていると思う。深溝松平家忠は天正七年から継続して牧野城在番を務めているにもかかわらず、その日記での、氏真自身の登場がわずか二回、家臣の登場も二回にすぎない。これは氏真が日常的には、牧野城に在城していなかったことを示すに十分な状況と理解できる。

氏真は牧野城主ではあったものの、実際に同城に在城することは多くなかったことが推測される。おそらく基本的には浜松に在所していたのであろう。

かつて、氏真は牧野城主から解任されたと理解されていた際、氏真には武将としての能力が不足していたためとみられがちであった。しかし実際には、氏真は城主を解任されてはいなかった。では氏真が、牧野城にあまり在城していなかったのは、同様に武将としての能力が不足していたからであろうか。そうではあるまい。そもそも武将としての能力が不十分であれば、最前線拠点の城主には据えないし、またそうしたとしても、これまでの見解のように解任したことであろう。

氏真が牧野城主に就任したのは、家康による駿河経略を正当化するシンボルゆえであった。けれども氏真が、同城に在城して駿河経略を中心的に推進するのでなく、主として浜松に在所していたというのは、家康の側《そば》近くで、何らかの役割を果たしていたからではなかったか、と推測するのが妥当であろう。もっともその役割が何であったのかは、わからない。しかしそうとでも考えない限り、国主身分に復活させた存在を、あまり最前線に赴任させないという理由は、思い当たらない。まだまだ氏真の動向には、不明のところが多いということである。氏真については、今後において引き続いて追究が必要なのである。

ちなみに氏真が、日常的には浜松に居住していたことに関わることとして、子どもの出生をあげることができるであろう。氏真には、天正四年に次男高久《たかひさ》が、同七年に三男澄存《ちょうぞん》が生まれている。これらの子どもは牧野城で生まれたとは考えられないので、浜松で生まれたとみるのが妥当であろう。そうであれば早川殿や子供たちは、牧野城に同行するのではなく、浜松城下の屋敷に居住していたと考えられるであろう。このことからも、氏真は多くを浜松で過ごしたと考えられる。

なお次男高久の誕生時、氏真は三九歳であった。高久の母は正妻の早川殿と伝えられていて、その時に早川殿は三〇歳くらいとみなされる。三男澄存が生まれた時、氏真は四二歳、早川殿は三三歳くらいとみなされる。三男の母についても早川殿と伝えられているが、早川殿の年齢が三〇歳をすぎていることからすると、実際には違う可能性もある。詳しくは次章で取り上げるが、その後、次男高久は、徳川家に仕えているのに対し、三男澄存は出家していることからすると、庶出の可能性も想定できるであろう。現時点では、判断できる材料は十分ではないが、その可能性は十分に想定できるように思う。

ちなみに氏真の子どもについては、その他に生年未詳の伝十郎安信（吉良《きら》家一族・西尾家を継承か、慶長《けいちょう》十八年十一月三日死去）の存在が確認される（「北条家過去名簿」杉山博『北条早雲』一一九頁）。今川家菩提寺《ぼだいじ》の一つ・江戸牛込《うしごめ》の万昌院《ばんしょういん》でも法名が伝えられている。江戸時代後期の『寛政重修諸家譜《かんせいちょうしゅうしょかふ》』では、次男高久と澄存のあいだに記載されて、三男であるように伝えられている（続群書類従完成会本刊本二巻二二七頁）。しかし安信の生年は未詳なので、確かではない。また『寛永諸家系図伝《かんえいしょかけいずでん》』には記載されていないことからすると、彼は庶子であった可能性が高いと思われる。この安信については、当時の史料での所見はないので、詳しくは不明である。今後の史料発掘に期待したい。

第五章

今川貞春が繫ぐ徳川と今川

秀忠の上臈・今川貞春

天正《てんしょう》七年（一五七九）という年は、家康にとっても、また家康と氏真の関係においても、大きな画期となった年であるといえる。

家康にとっては、第一に、新たな嫡男となる秀忠《ひでただ》（幼名長丸《ようみょうちょうまる》、一五七九〜一六三二）が生まれたこと、第二に、北条《ほうじょう》家と同盟を成立させて、武田家に協同で対抗するようになったこと、第三に、正妻・築山殿《つきやまどの》と嫡男信康《のぶやす》の謀叛《むほん》事件を解決したことである。そして家康と氏真の関係においては、新たな嫡男となった秀忠の「上臈《じょうろう》」、すなわち女性家老に氏真の妹の貞春尼《ていしゅんに》がついたこと、北条家との同盟成立において、その取次《とりつぎ》を氏真家臣の朝比奈泰勝《あさひなやすかつ》が務め、以後の北条家との同盟においても取次を務め続けたこと、である。

なかでも最も大きな要素をなしたのは、秀忠の上﨟として貞春尼が位置したことであろう。このことはこれまで知られていなかった新事実で、先に取り上げた「今川家瀬名家記七」所収「瀬名氏系図」によって初めて確認された。関係部分を次ページに掲げる。

ここに貞春尼について、「秀忠公御介錯上﨟《ごかいしやく》」と記されている。この内容は、これまで知られていた今川家関係の系図・軍記史料には全くみられていないことであった。「介錯」というと、切腹の際に死を助けることとして知られているが、他にも「後見、介添《かいぞ》え」という意味がある。ここでの意味はもちろん後者である。そしてこれは、その表現から、誕生後すぐからのことと理解される。これにより貞春尼は、秀忠が誕生してすぐに、その上﨟として、すなわち女性家老として、秀忠の後見役を務めたことが知られる。

貞春尼が、徳川家に女房衆（女性家臣）として奉公したことについては、すでに小林輝久彦氏（「今川氏女嶺松院《れいしょういん》について」）によって指摘されていた。その内容については次に取り上げるが、そこでは彼女の地位までは判明していなかった。しかしこの記載によって、その立場は女性家老たる「上﨟」であったことがわかったのである。そして貞春尼の女房衆としての活動は、慶長《けいちょう》十六年（一六一一）まで確認されていて、その死去は翌年のことであった。このことから貞春尼は、秀忠が誕生して以降、自身が死去するまで、上﨟として秀忠を後見したのであり、それはすなわち、彼女こそが秀忠の「育ての親」にあたっていたと認識できる。

この事実は、その後における秀忠への教育や徳川家の奥向きの展開について、また家康・秀忠と氏真の関係を考えるうえで、極めて重要な事実といわざるをえない。徳川家の奥向きは、今川家の関係者により差配されたのであり、それゆえ、そこでみられた作法なども今川家の礼法が採用されたことは容易に推測できるであろう。また家康・秀忠と氏真の関係についても、貞春尼の存在を介して、互いに晩年まで繫《つな》がりを持っていたと認識されることになろう。これまでの言説では、家康は今川家を忌避《きひ》する傾向にあったと理解するものもあったが、事実は全く異なっていたのである。家康は、新たな嫡男となる秀忠の教育と、戦国大名家として成長す

- 氏真　上総介・従四位上侍従、母武田信虎女、号仙岩院殿
  - 範以　左馬助、母北条氏康女
    - 範英　左少将・刑部大輔　母吉良義安女
  - 高久　品川新六郎、号松月院
    - 高如　内膳正・侍従
    - 高実　主馬介
  - 澄存　若王子大僧正
- 女子　初武田義信室、法名貞春、後秀忠公御介錯上臈

る徳川家の奥向きの構築を、今川家に託していたといいうるのである。

今川貞春が秀忠の上﨟に選ばれた理由

秀忠の「御介錯上﨟」に貞春尼を任じたのは、家康と考えられる。ただしそうした奥向きにおける人事権は、正妻が管轄していたから、本来ならば正妻の築山殿がおこなうべきことであったと考えられる。秀忠の誕生はこの年・天正七年四月七日のことであった。この時にはまだ築山殿は生存していた。秀忠の母は西郷殿《さいごうどの》（西郷相、三河嵩山《すせ》西郷吉勝養女か、一五六二か～八九）で、当初は家康の女房衆にして妾《しょう》であったが、のちに秀忠が家康嫡男になったことで、妻の一人になったと推定される。西郷殿が家康に女房衆として奉公することになったのは、築山殿の差配のもとでのことであろう。

しかし秀忠の出産について、築山殿が承認してのことであったかは、わからない。正妻には、妾の選定や出産の承認などの権限があったとみなされ、正妻が承認しない出産の場合は、当主の子どもとして認知されなかったのである。秀忠は浜松城で誕生しているが、築山殿がそれを承認していたのであれば、出産は岡崎でのことであったはずと考えられる。四年前の次女・督《とく》姫《ひめ》（母は妾・西郡の方《にしのこおり》、一五七五～一六一五）の場合は、わざわざ岡崎で出産したとみなされることからすると、秀忠の誕生は、築山殿の承認をうることなく、家康の独断によった可能性が高いと思われる（拙著『家康の正妻　築山殿』）。

この時、家康と築山殿・信康との関係はすでに悪化していた。それは前年の天正六年からみられていた。それが「築山殿・信康謀叛事件」として、この年天正七年八月に、家康が信康を追放・幽閉し、最後は自害させ、築山殿を幽閉し、最後は築山殿自ら自害するにいたる。事件の詳細をここで記すことは省略し、詳しくは拙著『家康の正妻　築山殿』を参照いただきたい。したがって秀忠誕生時には、家康と築山殿の関係は悪化していたと考えられるので、家康が秀忠誕生に関して築山殿に承認を求めることはなかったと思われる。そうであれば家康は、秀忠の誕生を独断で認め、それにともなってその上﨟の人選も、家康がおこなったと考えられるであろう。

家康が秀忠の上﨟に、貞春尼を選んだのは、彼女が名門戦国大名家の今川家の出身であったからに違いない。家康は、遠江《とおとうみ》・三河二ヶ国の戦国大名として存在するようになったものの、所詮は国衆《くにしゅう》からの成り上がりにすぎなかった。そのため徳川家を戦国大名家として確立させるには、それに相応《ふさわ》しい文化・教養の獲得が必要であった。それを修得するのに、今川家は恰好《かっこう》の存在であったに違いない。しかも氏真とその家族は、現に家康のもとに存在していたのであった。家康がこれを活用しない手はなかったであろう。

しかも秀忠の誕生は、築山殿・信康との関係が悪化していて、信康処罰も検討されていたなかでのことであったろう。家康は秀忠誕生をうけて、これを新たな嫡男にすることを考えたと思われる。幼名を「長丸」と付けたのも、新たな嫡男としての意味合いであったに違いない。それゆえ秀忠を、戦国大名家の後継者に相応しく養育する必要があり、そこで貞春尼を上﨟に任じて後見役としたのだろうと考えられる。貞春尼はこの時、三八歳くらいであった。しかも未亡人として、氏真に厄介になっていた存在であった。秀忠の後見役に、それ以上の適任はいなかったといいうる。

こうして貞春尼は、秀忠の養育係になった。これは家康が、今川家の存在を決して忌避していたのではなかったことを示し、むしろ頼りにしていたことを示している。

なお家康と築山殿の関係悪化について、江戸時代成立の史料では、家康が今川家を裏切り、その怨敵《おんてき》である織田家と親しくしたことを原因とする言説がみられている。しかしこの時、今川家当主の氏真とその家族は、浜松の家康のもとにあった。江戸時代成立の史料は、このことを完全に見落としている。それらの言説が、江戸時代に作り出された創作にすぎないことは確実であろう。

また築山殿にとっても、氏真とその家族が家康のもとにいることは、家康が今川家を尊重しているものとして認識され、実家の宗家《そうけ》が身近に存在していたことは、心強くもあり、安心していたことであったろう。家康と築山殿の関係悪化は、決して家康による今川家に対する否定的な態度から生じたのではなかったことは確実であろう。実態は、天正三年四月頃に起きた武田家への内通事件であった「大岡弥四郎事件」に、築山殿も関与して武田家に内通したことが原因であったとみなされる。ただしここでその詳細を取り上げるのは省略する。それについては拙著を参照いただきたい。

今川貞春の活躍

秀忠の上臈としての貞春尼の動向については、現在のところはわずかに二件が知られているにすぎない。いずれも小林氏によって紹介されているものになる。おそらくは今後、関係史料の精査をすすめていけば、さらに検出されることと思われるが、ここでは確認されている二件の内容を紹介しておくことにしたい。

一つ目は、慶長十三年（一六〇八）に、八歳の秩父《ちちぶ》重能《しげよし》（慶長六年生まれ、母は武田信豊娘）を、秀忠の家臣に取り成していることである（『寛永諸家系図伝《かんえいしょかけいずでん》第六』二二九頁）。そこには「今川氏真の姉、剃髪《ていはつ》して貞春と号す、大権現《だいごんげん》（家康）の鈞命《きんめい》によりて崇源院殿《そうげんいんでん》につかうまつる、大権現、重信（秩父）が子孫を貞春にとわせたまう。貞春、重信と好あるをもってのゆえに、詳《つまび》らかに言上す。これによりて慶長十三年、重能八歳にて大権現に拝謁し、台徳院殿《たいとくいんでん》（秀忠）につかえたてまつる」とある。

貞春尼が氏真の姉というのは、誤伝とみなされる。貞春尼が、家康の命により、浅井江《あざいごう》（崇源院殿、一五七三～一六二六）に仕えた、と記されている。彼女は本来、秀忠の上臈であったから、それが事実であれば、秀忠付きの上臈から、浅井江付きの上臈に変更されたことになる。この点についてはあとで考えることにしたい。そして家康から、北条家旧臣の秩父重信（一五五四～一六三〇）の子孫について問い合わせがあり、貞春尼は秩父重信とは旧知であったため、子孫について報告すると、慶長十三年に重信の子重能が家康に召し出され、秀忠家臣に取り立てられたことが記されている。

秩父重信は、天正十八年（一五九〇）の小田原合戦ののち、牢人して武蔵《むさし》秩父に隠棲していたという。家康が重信のことを知った経緯は不明だが、その子孫を徳川家家臣に召し出したいと考え、貞春尼に問い合わせた、ということらしい。貞春尼は、かつて北条家のもとにあったため、秩父重信とは旧知で、その家族の動向も把握していたということらしい。そして子孫の存在を家康に報告して、それにより秩父重能が家康に召し出され、秀忠家臣に取り立てられた、ということのようである。

ここからは貞春尼が、北条家のもとにいたことから、北条家旧臣と面識を持っていたこと、新たな家臣の取り立てに関与していたことがわかる。とりわけ家臣取り立てにおいては、実際にその仲介役を担っていることになる。家康から問い合わせがあったと記されているが、家康が秩父重信と面識があったとは考えがたく、そのためその存在を把握していたとも考えにくい。むしろ事実は、秩父重信が、子どもの徳川家家臣への取り立てを願い、旧知の貞春尼を頼って、その取り成しを頼んだものではなかったか、と思われる。そうであれば貞春尼は、徳川家の上臈として、家臣取り立てにも大いに関わっていたとみることができる。そしてこのことは、貞春尼はかつて武田義信妻として武田家にあったことから、武田家旧臣についても当てはまると考えられよう。

二つ目は、『言緒卿記《ときおきょうき》』慶長十六年（一六一一）十月二十日条（大日本古記録本刊本上巻六〇頁）にみえる記事である。公家《くげ》の山科《やましな》言緒が、秀忠正妻・浅井江に帯三筋を進上した際に、取次を「京殿・今川テイ春」が務め、山科からそれぞれ帯一筋を贈られている。ここで貞春尼は、「御台所《みだいどころ》」浅井江の取次を務めている。同時にみえている「京殿」は、「副佐」という女性家老筆頭の立場にあったもので、室町幕府直臣・大草公重《おおくさきみしげ》の娘で、浅井江が羽柴《はしば》秀吉養女として秀忠と結婚した際に付き従ってきた存在であるらしく、こののち元和《げんな》三年（一六一七）頃まで、女性家老筆頭の立場にあったらしい（福田千鶴『大奥を創った女たち』）。

貞春尼が浅井江の取次を務めているのは、この時だけしかみえていない。また浅井江への取次の際には、「京殿」に次ぐかたちで記されているので、その時の立場は、「副佐」であった「京殿」よりも下位に位置していたことが認識される。問題となるのは、貞春尼の立場である。

この二件からは、彼女は浅井江の上臈とみなされることになる。しかし当初は、秀忠付きの上臈であったことからすると、その後に、浅井江付きの上臈に変更されたのか、もしくは秀忠付きの上臈ではあったが、浅井江への取次も担ったのか、ということが想定される。

もっともこの慶長年間における江戸城の奥向きのあり方については、まだ十分には判明しておらず、その解明は今後の検討課題であるといえよう。したがってこの時、貞春尼が、秀忠付きの上臈のままであったのか、浅井江付きに変更になっていたのかは判断できない。またそれらの史料で、浅井江の上臈とされているのは、当時の江戸城奥向きを秀忠正妻の浅井江が管轄していたから、女房衆はすべて浅井江の管轄下にあるということで、浅井江付きと表現されたにすぎないとみることもできる。いずれにしても、秀忠が浅井江と結婚した文禄《ぶんろく》四年（一五九五）以降は、浅井江に随従してきた「京殿」が、秀忠奥向きの筆頭に位置するようになったのであろうが、それまではこの貞春尼が筆頭に位置していたとみることは可能であろう。

これらの問題の解決は、今後の研究の進展に委ねざるをえないものの、これらの事例から、貞春尼は、徳川家当主・妻への取次を務め、また家長の家康から直接に諮問《しもん》に与《あずか》り、家臣取り立ての取り成しを務める、といった役割を果たしていたことを認識できる。それはすなわち、貞春尼は、徳川家の上臈、いわゆる女性家老として、徳川家の家政の運営において、極めて重要な立場にあったことを示すものになる。このことはひいては、戦国大名家において、女房衆という女性家臣の果たした役割の大きさへの注目につながる。そうした女性家臣の動向や役割については、これまで十分な検討はおこなわれていないが、今後において大いに追究していく必要のある領域とみなされる。

秀忠乳母の「大姥局」について

また貞春尼の存在に関連して、秀忠の養育に大きな役割を果たし、晩年まで秀忠に大きな影響力を持っていたとみられている、乳母《うば》の「大姥局《おおうばのつぼね》」について触れておきたい。

「大姥局」は、今川家旧臣の岡部与惣兵衛尉貞綱《よそひょうえのじょうさだつな》の妹で、同じく今川家旧臣という河村善右衛門（重忠とされる）の妻であったという。夫の河村重忠は、氏真の駿河《するが》没落以前に死去していて、彼女はその後、氏真に仕える女房衆になったとみられ、氏真の小田原居住にも同行していたという。そして家康が幼少時から認知していたため、秀忠の乳母に召し出されたという（「柳営婦女伝系《りゅうえいふじょでんけい》」『徳川諸家系譜第一』一五四頁・「玉輿記」『史料徳川夫人伝』三四八頁）。

ただし「岡部与惣兵衛尉貞綱」という人物は当時の史料で確認できない。文亀《ぶんき》二年（一五〇二）生まれで、永禄《えいろく》九年（一五六六）に六五歳で死去したとされる（「柳営婦女伝系」）。しかしそれでは「大姥局」より二三歳も年長になる。あるいは「大姥局」は、正しくは貞綱の娘であったかもしれない。また夫の河村重忠についても当時の史料では確認されない。なお「大姥局」には、弟に長綱があったとされるが、天文《てんぶん》十六年（一五四七）生まれとされている。「大姥局」より二二歳も年少になる。これらからすると、それらの系譜関係には検討の余地があるように思う。

「大姥局」については、福田千鶴氏によるまとめがあるので（『徳川秀忠』）、それをもとに概略をみておきたい。大永《だいえい》五年（一五二五）生まれで、幼名は「かな」といったという。秀忠誕生時には、五五歳であったことになる。家康が幼少より認知していたというのは、家康が駿府《すんぷ》に居住していた時期は、二五歳から三六歳にあたるので、その時に認知していた、というのはありうることではある。「大姥局」としては、天正十八年（一五九〇）から慶長十三年（一六〇八）までの動向が知られていて、また秀忠妾の静《しず》（四男保科正之《ほしなまさゆき》生母）は、「大姥局」の部屋子《へやご》であったという。慶長十八年正月二十六日に、江戸において八九歳で死去したという。法号を正真院《しょうしんいん》といった。

「大姥局」は、氏真の小田原居住にも同行していたというから、夫の死後は氏真に仕えるようになり、浜松移住にも同行したとみなされよう。そして家康から、秀忠の乳母に付けられたという。ただし乳母といっても、その時に五五歳であったから、乳を与えるのではなく、養育を担う役割としての「乳母」とみなされよう。しかも「柳営婦女伝系」「玉輿記《ぎょくよき》」ともに、「御乳附けとして相勤め、御介抱《ごかいほう》仰せ付けらる、大姥と呼ぶ」と記している。ここに「御介抱」とあるのが重要で、貞春尼と同じく、後見役を担ったことを意味しているととらえられる。

そうすると「大姥局」は、貞春尼とともに秀忠の養育にあたった存在になる。年齢は「大姥局」のほうが、貞春尼よりも一七歳ほども上であった。しかし身分は、貞春尼が上臈として上位に位置していた。両者は、氏真の駿河没落以降、行動をともにしていた存在になる。そうすると「大姥局」が乳母になったのは、貞春尼の取り立てによると考えたほうが妥当と思われる。もちろん家康も旧知の存在であったため、それを了承したと考えられるであろう。こうしたことからすると、貞春尼は、他にも多くの今川家ゆかりの女性を、徳川家の奥向きの女性家臣として取り立てていたと推測できるように思う。徳川家の奥向きにおいて、貞春尼が担った役割は大きなものがあったとみて間違いなかろう。

徳川・北条同盟の成立と氏真

次に家康と北条氏政との同盟形成について取り上げよう。最初の契機になっているのは、この年・天正七年（一五七九）の正月二十八日付けで、北条家御一家衆筆頭の北条氏照から、家康に宛てて、親交を求める書状が出されたことにある（戦北二〇四八）。家康と北条氏政の親交は、北条家が武田家と同盟を結んだことで断絶していた。ところがここにきて、北条氏政は家康に親交を求めてきたのである。原因は、前年から展開していた越後《えちご》御館《おたて》の乱に対する武田勝頼の態度にあった。それにより氏政と武田勝頼の関係は悪化するようになっていた。氏政は、武田家との対立を想定して、弟氏照に家康と通信させ、あらかじめ家康との通信を回復しておこうとしたのであろう。

その後の家康と氏政の通信の状況について、具体的には判明しないが、通信が形成されたであろう。北条・武田両家のあいだは、二月頃から険悪化するようになっていて、五月には勝頼は上杉景勝との同盟の本格化をすすめ、七月には北関東の反北条勢力と盟約を成立させ、それをうけて北関東勢力が北条方に侵攻するようになっている。そのため氏政は勝頼への敵対を決意し、家康との同盟形成を図ったと思われる。家康もまた、氏政と協同して武田勝頼と抗争することは、膠着化《こうちゃくか》していた武田家との抗争を好転させるものとして、受け容《い》れたことであろう。八月には、家康と氏政の同盟交渉がすすめられたとみなされる。

同盟は、八月末か九月初めには成立したとみなされる。家康から北条家に使者として派遣されていた朝比奈泰勝が、九月四日に浜松に帰還しているからである。「伊豆御あつかいすみ候《そうろう》て」とあるので（静8 一二二二）、起請文《きしょうもん》交換をおこなって正式に同盟が成立したことがわかる。朝比奈泰勝は、家康から氏政への起請文を届け、氏政からの起請文を請け取って帰還してきたのであろう。伊豆の出立は九月三日と思われるので、小田原出立はその前日か数日前のことであったろう。

この同盟成立にあたって、家康と氏政は、九月十七日に協同で武田家に対し軍事行動することを盟約した（『家忠日記』前掲刊本五二頁）。それとともに、家康と同盟することは、織田信長の承認をえることと、その信長とも盟約し、さらにそれに従属することが必要であった。家康は氏政に、それらを信長に取り成すことを誓約したと考えられる。家康はすぐにこれを信長に申請したことであろう。家康と氏政は、十七日に取り決め通りに武田家との抗争を開始する。それについて信長は、「北条氏政御身方の色を立てられ」と表現している（『信長公記《しんちょうこうき》』前掲刊本二八七頁）。信長は、氏政の行動を、自身に味方したものと認識している。そして実際にも、翌年に、氏政は信長に使者を派遣して、信長に従属を申し入れ、信長はそれを承認するのであった。

この家康と氏政の同盟形成において注目されるのは、北条家への使者を、氏真家臣の朝比奈泰勝が務めていることである。これは氏真と北条家との親密な関係が踏まえられ、北条家領国への経路や北条家の事情にも通じていたから、北条家との交渉に適任と考えられたためであろう。このことは北条家との同盟形成において、氏真の存在が大きな役割を果たしたことを意味する。おそらく交渉においては、氏真からの働きかけもあったことであろう。家康は、氏真が存在していたからこそ、そしてその助力をえたからこそ、北条家との同盟を滞りなく成立させることができたといえるであろう。

そして朝比奈泰勝は、浜松に帰還した翌日の九月五日に、家康から直接に、駿河で所領一三三〇貫文を与えることを約束されている。しかしながらそれら駿河の所領は、現実にはまだ武田家領国であった。そのためこれは、駿河を経略したうえで履行される約束手形になる。しかもそれらの所領については、「氏真御約束の分」と記されている（静8 一二二二）。氏真が朝比奈泰勝に、所領として与えることを約束していたものであったことがわかる。そうすると家康は、さらには信長も、駿河を経略したならば、同国を氏真に与えることにしていたこと、氏真はそれをもとに、家臣に駿河での所領の配分をあらかじめ約束していたことがうかがわれる。家康は、朝比奈泰勝の使者を務めた功績に報いて、ここでそのことを保証したのであった。

とはいえ家康が、氏真による家臣への所領充行《あてがい》の約束内容を、あらためて保証しているのは、駿河を経略するのは家康であり、そのため経略後の所領配分は家康がおこなうことになるが、氏真が家臣にしていた約束についてはそのまま保証する、という意味にあったとみなされる。北条家との同盟を成立させたうえで、それと協同で駿河経略をすすめることになったことで、かつて信長・家康が氏真に約束した、駿河を氏真の領国にするという内容は、事実上、反故《ほご》になったのであろう。そのうえで家康は、氏真が朝比奈泰勝にした約束については、家康として実現することを約束したもの、ととらえられるであろう。

これをうけて氏真は、それから六日後の九月十一日に、朝比奈泰勝に感状《かんじょう》を出している（戦今二五八四。年代比定は前田前掲論文による）。これは現在確認されている氏真の発給文書として、最後のものになっている。

万々渡海の儀辛労に候、然《しか》らば家康申し給わり候筋目相調うにおいては、一段忠節たるべく候か、甚内方へよくよく申し計らうべく候也、仍《よ》って件《くだん》の如し、

九月十一日　宗誾（花押《かおう》）

朝比奈弥太郎殿

「渡海」とは、北条家領国に使者として往復したことを指そう。敵国の海域を通過するのであるから、必ずしも無事が保証されない、困難なものであったことがうかがわれる。そして家康から言いつかったことを無事に成立させたことについて、すなわち北条家との同盟成立を果たしたことについて、とても忠節であると賞している。最後にでている「甚内」とは、北条氏規《うじのり》の家臣になっている兄の朝比奈泰寄のことである。それと念入りに相談することを命じているが、これは今後の北条家との交渉において、朝比奈泰寄と相談しながら対処していくことを指示するものとみなされる。朝比奈泰寄の主人の北条氏規は、この時の交渉では取次を務めていないが、非公式で氏規とも相談をすすめることを指示しているとみなされる。

朝比奈泰勝は、この後、北条家との外交交渉において、家康の使者を務め続けている。家康と北条家の同盟は、天正十年六月の京都本能寺の変にともなって、一旦中断されるが、同年十月の天正壬午《じんご》の乱の解決にともなって、再開される。そこでも泰勝は使者を務め、それは天正十八年の小田原合戦で、北条家が滅亡するまで続いている。その間に、氏真との関係は続いていたのかどうかは確認できない。同時に、泰勝が家康から直接に所領を与えられて、その家臣になったのかどうかも確認できない。しかし家康の使者として活動を続けていることからすると、泰勝は家康の直臣に取り立てられたと考えるのが妥当であろう。その契機は、この天正七年であったろう。北条家との同盟を成立させる使者を果たしたことで、家康から所領を与えられて、その直臣とされたのだろうと思われる。

武田攻めにおける氏真

家康は、北条氏政と同盟を成立させたことで、一転して駿河に侵攻するようになった。しかし武田家領国の経略はなかなかすすまず、天正九年(一五八一)三月に高天神《たかてんじん》城の攻略を果たし、遠江のほとんどの回復をようやくに遂《と》げた。そして同年十二月十八日に、織田信長から、翌年春に武田家攻めをおこなうことを連絡された(静8一四七二)。ついに宿敵・武田家との決着を付ける時がきた。家康は武田家とは、足かけ一〇年におよんで抗争を続けていたが、結局、経略された領国のすべてを回復することはできないでいた。それだけ武田家は、家康にとって大敵であった。

天正十年二月から、織田信長による武田家攻めが開始される。家康もそれに従い、駿河に侵攻した。二月六日から出陣の用意をすすめ、家臣たちに十六日に浜松に参陣するよう命じた（『家忠日記』前掲刊本一二二頁）。その日、遠江で唯一、武田方として残っていた小山《こやま》城から、在城衆が退去していった。これにより遠江全域が、再び家康の領国として確立した。家康は十八日に懸川《かけがわ》城に、十九日に牧野城に着陣した。おそらくこれには、氏真も同行していたとみなされる。二十日から駿河に侵攻し、二十一日に家康は駿府に侵攻している（静8一四九〇）。家康にとって、駿府の地に足をつけるのは、実に二二年ぶりのことであった。氏真にとっても、一三年ぶりのことであった。ともに感慨深いものがあったに違いない。

三月一日には、武田家の御一門衆の有力者であった穴山武田信君《のぶただ》（当時は法名不白）が、家康に従属してきた（静8一四九五）。穴山武田家の領国は、駿府の東方に位置する江尻領から、甲斐《かい》南西部の下山領（河内《かわち》領）に展開していた。その従属により、甲斐への進軍路は容易に確保された。四日に穴山武田信君は家康のもとに出頭してきて、五日から甲斐への進軍が開始された。家康は穴山武田信君を同道して、八日に江尻領興津《おきつ》に、十日に甲斐市川（市川三郷町《みさとちょう》）に着陣して、甲斐に入った。次いで十一日に、甲府に着陣し、織田軍の先陣として進軍してきていた織田信忠に挨拶している（『家忠日記』前掲刊本一二四頁）。そしてこの十一日に、武田勝頼は東郡田野《たの》（甲州市）で自害し、武田家は滅亡を遂げるのであった。

氏真は、駿府まで家康に同行していたが、『天正日記』に「今河氏実（真）を府中に仕据え、家康は甲州の境目まで陣を寄せらるる」とあり（静8一五〇一）、駿府に留め置かれたことが知られる。それはすなわち、駿府に在陣して、駿河支配の留守を務めるものであった。駿河の守備を担うのに、前駿河国主であった氏真をおいて、他に適任者はいなかった。そして氏真は、これからしばらく、家康が遠江に帰陣するまで、この駿府に在陣したと考えられる。それはほんの一時のことではあったが、駿河国主として氏真が復活したかのような様相であったことであろう。

氏真が駿河に進軍してきたことをうけて、武田家に仕えていた今川家の旧臣には、徳川方に投降して、氏真の家臣に復帰することを望む者もでていた。氏真が駿河に進軍してきたことで、氏真は駿河国主として復活するのではないか、と観測してのことであろう。実際にもそれまで、信長と家康はそのことを宣伝していたから、今川家旧臣がそれが実現されるかもしれないと思ったとしても不思議ではない。先に取り上げた『武徳編年集成』には、「今川氏真旧好の士卒千許《ばか》り」と記されている。旧臣千人ほどが参集してきたことが伝えられている。もちろんこれが事実かはわからないが、そうした事態がみられたとしても不思議ではないように思う。

実際にも三月五日までに、朝比奈又蔵と三浦十左衛門尉《じゅうざえもんのじょう》安久が、駿府に着陣してきた酒井忠次を頼って、「氏真様御前然るべき様に御取り成し」を依頼してきている。とくに三浦安久(もと仮名《けみょう》弥三)の父安時は、氏真の駿河没落の際に討死していた。安久は母・兄弟とともに懸川城籠城《ろうじょう》に同行したが、安久の兄九三は懸川城出城の際に病死したため、安久が家督を継いだ。その後も氏真の小田原移住まで同行したものの、進退を維持できなかったため、元亀《げんき》二年(一五七二)十月に、氏真に暇《いとま》を申請し、その際に安時遺領の継承を保証されていた(戦今二二九四二)。三浦安久はその文書を証拠に、氏真に家臣としての取り立てを申請してきたのであった。酒井忠次は、両者の依頼を断ることはできず、三月五日付けで氏真家臣の岡部三郎兵衛尉に宛てて、両者の依頼を取り次いで書状を出している(戦今二六一八)。しかも酒井忠次は、両者が取り立てられるよう取り成しを要請しており、両者の行為に十分な理解を示している。

しかし結果として、三浦安久は、氏真に家臣として取り立てられなかった。氏真には与えるべき所領がなかったからであろう。武田家滅亡後の三月二十九日、信長は旧武田家領国の分配をおこない、駿河を家康に与えた。先に取り上げたように、家康はその際に、氏真に駿河半国を与えることを申請するが、信長は、駿河経略は家康の独力によったからとして、それを却下したことが伝えられている(『武徳編年集成』)。これが事実であれば、家康は氏真の存在をかなり尊重していたとみることができる。しかしながら信長は、氏真の存在をそのように評価しておらず、駿河は家康一人に委ねるので十分と思っていたのであろう。

ともあれ氏真が駿河国主に復帰することは、ここでも断念せざるをえなくなった。駿河で所領を獲得できなかったから、駿河を回復した際に所領を与えることを約束した家臣や旧臣たちに、それを実現することはできなくなった。ちなみに三浦安久はその後、牢人として徳川軍に従軍し、天正壬午の乱で甲斐で北条軍と対戦していた時、八月二十二日に戦功をあげ、これをもとに酒井忠次を頼って家康への出仕を申請し、それが認められ、家康重臣の井伊直政《いいなおまさ》に付属されている（前田前掲論文）。

氏真は、旧臣たちの要望に応えることはできなかった。そのことをどのように感じていたであろうか。しかし駿河国主に復帰できなくなったことは、駿河から没落してから一三年におよんで維持してきた目標が、ついに潰《つい》えたことを意味した。氏真はその後の人生を、どのように過ごしていくべきか、考えるようになったに違いない。氏真のこの時の駿河進軍は、現在確認できる氏真の軍事行動として最後になっている。もしこれが本当に最後のことであったならば、氏真は、駿河復帰の夢が潰えたことをもって、軍事行動する武将として、領国を統治する政治家としてのあり方に見切りを付けたと考えることもできる。ここに氏真の、戦国大名ないしそれに準じた存在としての人生は終わりを告げたといっても過言ではないであろう。

その後の徳川家における氏真

その後において確認される氏真の動向は、極めて限られるものになっている。天正十一年二月に、摂関家筆頭の近衛前久《このえさきひさ》（当時は法名竜山）が、家康を頼って浜松を訪れてきていて（静8一六二四）、七月に能が催された際に、近衛前久がそれを見物し、その時に氏真が近衛に挨拶したことが伝えられている（「景憲家伝」柳沢前掲論文参照）。氏真が、いまだ家康のもとにいたことが知られるとともに、近衛前久に挨拶できる身分的地位にあったことがわかる。

その後では、天正十四年五月に、下野皆川《しもつけみながわ》領の皆川広照が、家康の仲介によって北条氏直に従属し、それをうけて翌同十五年に、氏真の従妹《いとこ》にあたる中御門宣綱《なかみかどのぶつな》娘が、北条氏政の養女になって、皆川広照と結婚したことが伝えられている（『寛政重修諸家譜』拙著『戦国北条家一族事典』参照）。彼女は、氏真の駿河没落以降も、氏真と行動をともにしてきていた。すでに弘治《こうじ》二年（一五五六）には存在していて、その時に一〇歳としても、この時には四一歳になっている。これより以前に誰かと結婚していたとしても不思議ではない。そうであればこの結婚は、再婚であったろうか。

ここで注目されるのは、氏真の一族が、徳川・北条両家の外交戦略において、政略結婚の役割を担っていることであろう。氏真とその家族の高い家格が、そうした役割を担わせたのだろうと思われる。当の中御門宣綱娘はそのことをどのように認識したのかはわからないが、それを担いうる存在であったといえる。しかし彼女のその後の動向については、全く知られていない。

そして天正十七年三月十九日、氏真は三河東観音寺（豊橋市）で、「少年であった子」（「連子有一少年」）を同寺住持の瑶林宗琨《ようりんそうこん》に付けて出家させ、京都妙心寺宗杲《そうこう》から道号と頌《しょう》を授けられている（戦今二六四二）。この「少年」が、氏真の子どものうち誰にあたるのかはわからない。これから二年のうちに、三男澄存《ちょうぞん》を出家させたとみられていることから、あるいは澄存にあたる可能性もあるかもしれない。ともあれここで氏真は、少年であった子を出家させていたことが知られるが、これが徳川家のもとでの氏真の動向として、確認される最後になっている。

この間、家康はというと、天正十年に、本能寺の変後における旧武田家領国をめぐる天正壬午の乱で、甲斐と信濃《しなの》の大部分を領国化し、五ヶ国を領国とする大規模戦国大名になり、同時に北条家とは、次女督姫を北条家当主・氏直と結婚させて、婚姻関係を結んで強固な攻守軍事同盟を成立させていた。その後は信長亡き後の織田政権における権力闘争に参加し、同十二年には織田家当主となっていた織田信雄《のぶかつ》に味方し、織田家で主導権を掌握していた羽柴秀吉と対戦した（小牧《こまき》・長久手《ながくて》合戦）。戦争は結果として、秀吉が勝利し、織田信雄は秀吉に屈服し、それにより秀吉を主宰者とする新たな羽柴（豊臣）政権が誕生した。

家康は、合戦終結時に、次男秀康を人質に出したものの、秀吉への従属・出仕を実現しようとせず、そのため再び秀吉と対決する情勢になったが、同十四年に、織田信雄の取り成しをうけて、秀吉に従属することを決し、同年十月に、秀吉の本拠・大坂城（大阪市）に出仕し、秀吉への従属を確定した。こうして家康は、羽柴政権に従属する「豊臣大名」になった。そのうえで十二月に、本拠を駿府城に移した。駿府への本拠移転は、前年から準備していたものであったが、秀吉との対決のために実現できないでいた。ここでようやく移転することができたのであった。

氏真とその家族も、おそらくそれにともなって駿府に移住したに違いない。氏真は天正十年に、一時的に駿府に在陣したことがあったが、それからも四年ぶりになる。氏真妻の早川殿《はやかわどの》や、妹で秀忠の上﨟であった貞春尼にとっては、それこそ駿府没落以来、一七年ぶりのことになる。氏真とその家族は、ようやくに駿府に帰還することができた。その感慨は一入《ひとしお》であったに違いないと思われるが、それを具体的に知ることはできない。これから駿府での生活をどのように過ごしていくのか、いろいろと想いをめぐらせたことであろう。駿府城の主は、家康であり、氏真はそれに従う立場にはなっていたが、やはりかつての本拠への復帰は、喜んだことであろう。

また家康にとっても、駿府は少年期から青年期を過ごした、思い出の地であった。本拠を駿府に移したのは、甲斐・信濃を加えた五ヶ国の領国統治をおこなううえで、甲斐・信濃に向かう際には、駿府を経由したから、第一には、統治における利便性を踏まえてのことと考えられる。しかしそれだけではなかったであろう。駿府は、かつて駿河・遠江・三河三ヶ国における首都であった。家康はかつての今川家に取って代わるようにして、その地位に位置するようになっていた。家康にとって、駿府こそが三ヶ国の首都との認識があったのではなかったか。それゆえ現在の自身の本拠として、駿府こそが何よりも相応しいと思って、本拠を移したように思う。

ところが家康と氏真の駿府生活は長くは続かなかった。天正十八年八月、小田原合戦による北条家の滅亡をうけて、秀吉により、それまでの五ヶ国を召し上げられ、新たに関東六ヶ国に転封《てんぽう》され、武蔵江戸（千代田区）を本拠にすることになったからである。これにより徳川家は、全く新たな大名に転身していくことになった。

しかし氏真はこれに同行しなかった。氏真は家族ぐるみで、京都で生活することを選択した。その理由はわからないが、もはや武将として、また政治家としての人生に見切りをつけていたなか、かつての領国であった駿河・遠江を離れて生活する気はなかったのかもしれない。氏真はすでに五三歳になっていた。この年齢では、死去してもおかしくなく、すでに隠居していい年齢であった。そうしたことも、新たな領国での生活を拒んだ理由であったかもしれない。ではなぜ生活の地を京都に選んだのか。それについてもわからない。しかしかつての戦国大名家当主という立場からすれば、徳川家の領国以外で生活するとなれば、政治・文化の中心地たる京都しかなかったともいえる。

氏真の京都での生活

氏真の京都での動向については、天正十九年（一五九一）から慶長十七年（一六一二）まで確認されている。氏真は五四歳から七五歳のことになる。京都での生活費は、家康から所領を与えられていたとみなされる。江戸時代成立の史料のなかには、家康から所領四〇〇石（一石＝三貫文の換算とみると、約一二〇〇万円）を与えられていたという所伝（『志士清談』『今川氏と観泉寺』六六五頁）、近江《おうみ》国野洲《やす》郡で所領五〇〇石（約一五〇〇万円）を与えられていたという所伝（『寛政重修諸家譜第二』二二七頁）がある。これら以外に徴証はないが、いまだ妹の貞春尼が秀忠の上臈として徳川家に奉公していたことや、それまでの関係からすれば、家康が所領を与えていたことは十分に考えられる。

確認できている氏真の動向は、ほとんどが公家・山科言経《ときつね》（言継の子、一五四三～一六一一）の日記『言経卿記《きょうき》』や、和歌会・連歌会の記録にみえているものになる。それらについてはすべて、井上宗雄氏「今川氏と学芸」で紹介されている。以下ではそれをもとに、概略をみていくことにしたい。

天正十九年では、九月二十四日に、山科言経や同じく公家の上冷泉為満《かみれいぜいためみつ》（言経の義兄弟、一五五九〜一六一九）に対面している。両者は、かつてその父が駿府に滞在していたこともある、今川家とはとりわけ親交の深かった存在になる。京都で生活していくなかで、氏真がこの両者ととくに親交したのも当然であろう。氏真は、この年から、「仙巌《せんがん》（岩）斎《さい》」という斎号《さいごう》を称している。十二月二十四日に、在京していた徳川秀忠（「江戸侍従」）を訪問している。十二月二十四日に、秀吉御伽衆《おとぎしゅう》の大村由己《おおむらゆうこ》主催の歌会に参加している。

このうち秀忠への訪問は、妹貞春尼がその上臈を務めているのだから、ごく普通の事柄であろう。山科言経の記録でしか氏真の動向を知りえないが、実際には、家康・秀忠のもとには、頻繁に訪問していたとして不思議ではない。その際には、妹の貞春尼ともしばしば面会したことであろう。羽柴（豊臣）政権のもと、諸国の大名家当主・嫡男は、京都・大坂での居住が基本になっていた。そのことからすると、むしろ氏真と家康は、京都でのほうが頻繁に面会できたことであろう。

なおこの年までに、氏真は三男澄存を、公家の中山親綱《なかやまちかつな》（一五四四〜九八）の猶子《ゆうし》としたうえで、聖護院道澄《しょうごいんどうちょう》（一五四四〜一六〇八）の弟子として、出家させたとみなされている。その後、澄存は、慶長六年に積善院僧正尊雅《しゃくぜんいんそうじょうそんが》を灌頂師《かんじょうし》として法門をうけ、同十二年には聖護院の院家・

勝仙院の住持になっている。元和《げんな》七年（一六二一）に、聖護院門跡を補佐する若王子乗々院《にゃくおうじじょうじょういん》別当《べっとう》になって、以後、聖護院で高い役割を担い続け、若王子を再興した人物として評価されるまでになる。そして承応《じょうおう》元年（一六五二）に、乗々院別当を、姉婿吉良義定の孫・杲海《こうかい》（吉良義弥《よしみつ》の子）に譲って隠居し、同年八月二十三日に、七四歳で死去した。澄存の動向については、嗣永芳照氏（「若王子と澄存」『今川氏と観泉寺』所収）や酒入陽子氏（「今川氏真子息、澄存について」）の研究に詳しい。

文禄二年（一五九三）では、三月十八日に山科言経と面談し、六月十九日に、山科言経を訪問し、冷泉為満と面談している。九月二日に、下冷泉為将とともに山科言経を訪問している。文禄三年では、三月十九日に、山科言経から有職書の「拾芥抄《しゅうがいしょう》」上巻を借用し、三月二十九日には山科言経と冷泉為満から訪問をうけている。五月二十一日に、「拾芥抄」上巻を山科言経に返却している。五月二十九日には、山科言経に「拾芥抄」中巻の借用を求めている。

このような感じで、氏真の京都での生活が送られていた。とはいえここで知ることができるのは、あくまでも『言経卿記』などにみえるものにすぎない。武家として、また徳川家から所領を与えられている者としての活動は、それらの史料からではうかがうことはできないという、限界がある。以下では、氏真の活動として特徴的と思われるもの、氏真の一族の動向を中心に取り上げていくことにしたい。

ここでの最後に、家康家臣との交流について触れておくことにしよう。文禄四年二月二十三日に、氏真は家康家臣の大草月斎《げっさい》とともに、山科言経・言緒（一五七七〜一六二〇）父子、冷泉為満を招いている。五月二十三日には、山科言経を同道して、家康の家老・石川家成を訪問している。これらは山科言経が関わっていることで知ることができる事実になる。おそらくは日常的に、徳川家家臣とのあいだではもっと多くの交流を持っていたに違いなかろう。

嫡男範以の動向

文禄三年（一五九四）七月五日に、嫡男の範以が、下冷泉為将と山科言経を訪問している。これが範以の動向を示す初見になる。範以はこの時、二五歳であった。仮名は今川家当主歴代の「五郎」を称したとされ、この時には官途名《かんとめい》左馬助を称していた。おそらくは家康から与えられたものと思われる。そしてこの年、範以には嫡男範英（のち直房、一五九四〜一六六一）が生まれている（なお一六〇二年生まれ説もある）。範以の妻は、西条吉良義安の娘（利性院殿《りしょういんでん》、？〜一六二七）で、そのあいだに誕生している。結婚の時期は判明しないが、あとで考証するように、範英の上に二人の娘がいた可能性が想定され、そこから結婚は天正十七年（一五八九）以前の可能性が推測される。その場合は、駿府での結婚であったとみなされる。

範以の子どもについて、『寛永諸家系図伝』では、範英・以庸《もちつね》（叔父西尾安信の養嗣子《ようしし》か、一六〇五〜三八）・大友義親妻・吉良義弥（義定の子）妻の二男二女があげられているが、『寛政重修諸家譜』では、これに加えて範英の姉をあげている。妻の吉良義安の娘の生年は不明である。きょうだいに義定（一五六四〜一六二七）があり、永禄七年（一五六四）生まれであるから（『寛政重修諸家譜』）、それより数年後の生まれとみられる。ただし父が永禄十二年に死去しているので、同年の生まれとしても、範以より年長であったことになる。

ちなみに範以の次男以庸は、慶長十年（一六〇五）生まれであるから（『今川氏と観泉寺』七四頁）、範英とは九歳違っている。その時、範以妻は三五歳以上になっている。そうすると以庸の母は、利性院殿ではなく、以庸は庶出であったかもしれない。なお利性院殿は、慶長十二年に範以が死去したのち、公家の大炊御門経頼《おおいのみかどつねより》（中山親綱の弟、一五五五〜一六一七）に再嫁したことが伝えられている（『寛永諸家系図伝』）。ただしその時には三七歳以上になっていたので、おそらく出産はなかったことであろう。

吉良家は今川家の宗家筋にあたり、その嫡流が西条吉良家になる。吉良義安は今川家に反抗したため、本拠から没落させられて、駿河の藪田村《やぶたむら》（藤枝市）に幽閉されたらしい。そして氏真の駿府没落後の永禄十二年十一月二十九日に同地で死去したという（大塚勲『今川氏と遠江・駿河の中世』）。義安の妻は、家康曽祖父の信忠の娘で清康の妹（『寛永諸家系図伝』『三河物語』）、あるいは清康の娘・瀬戸の大房（『寛政重修諸家譜』）であったという。義安が初め養子に入っていた東条吉良持広の養女とされていたらしい（『吉良町史　中世後期近世』一三五頁）。安城《あんじょう》・岡崎松平家と姻戚関係にあったことは確実のようであるが、具体的な系譜関係は確定されていない。ただし嫡男義定が生まれた年代から考えると、『寛政重修諸家譜』の考証の通り、清康の娘とみるのが妥当のようにも思われる。

義安が駿河で死去した時、義定はわずか六歳にすぎなかった。その後の動向は不明だが、何らかの経緯により、家康に家臣として取り立てられたと思われる。そうして今川氏真の娘と結婚した。結婚の時期は判明していないが、氏真娘が永禄九年頃の生まれとすれば、二〇歳になった天正十三年頃の可能性が想定される。実際に、その翌年に嫡男義弥（一五八六～一六四三）が生まれているので、可能性は高いであろう。そうであれば吉良義定が、その時には家康の家臣になっていたことは確実とみなされる。ちなみに義定には、その後に、吉良家一族の荒川家を継承した定安（一五九九～一六五六）、足利《あしかが》氏一門の一色《いっしき》家を継承した一色定堅《さだかた》（一六一二～一六六六）などが生まれていることが知られるが、それらの生年からみると、母は氏真娘ではなかったとみて間違いない。氏真の娘の動向は不明で、死去年も法名も判明していない。義定次男の定安が生まれる慶長四年以前には、死去していたのかもしれない。

範以は、その後の文禄三年十一月二十六日に、京都建仁寺両足院で、「三体詩」の講釈を発起している。範以が学問に熱心だったことがうかがわれる。それも名門今川家の嫡男であった

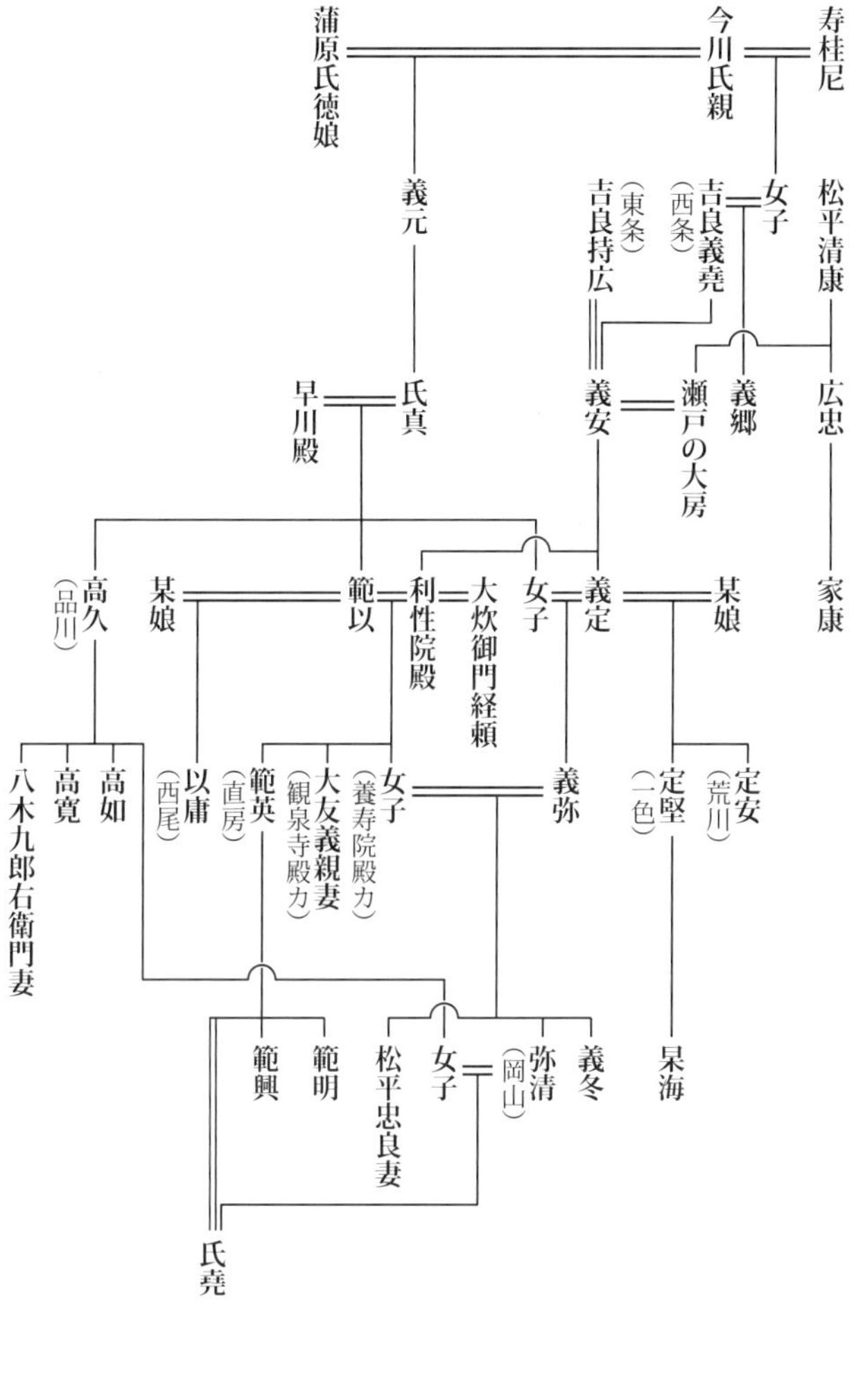

今川家・西条吉良家関係系図

ためとみなされる。その後では、氏真と同様に山科言経・言緒父子、上冷泉為満と親密に交流していることが知られる。慶長八年になると、冷泉為満主催の月次《つきなみ》和歌会に、氏真とともに参加している。しかし同十年からは、氏真の参加は確認されているが、範以の参加は確認されなくなっている。

範以の死去と娘たち

そして範以は、慶長十二年(一六〇七)十一月二十七日に、三八歳で死去した。法名は徳報院殿秀山長英禅定門(「北条家過去名簿」)、ないし大居士(観泉寺墓碑)。範以は氏真の嫡男であったにもかかわらず、徳川家に仕えなかった。家康からは、氏真とは別に知行《ちぎょう》を与えられていたのかどうかもわからない。範以の系譜であったなら、徳川家への出仕は十分に可能だったはずだが、そうしなかったのは、範以自身の考えであったろう。これより以前に、弟高久は徳川家に出仕し、その後に嫡男範英も徳川家に出仕しているからである。範以がどのような人生を歩もうとしていたのかは、もはや知ることはできないが、興味を引くところではある。

なお範以には二人の娘がいたが、一人はいとこにあたる吉良義弥と結婚した。結婚の時期は判明していないが、嫡男義冬(一六〇七~六八)は慶長十二年生まれなので、その前年には結婚していたとみなされる。義冬誕生時に、義弥は二二歳になっている。範以娘の生年は不明だが、義冬を産んだ時に二〇歳とみると、天正十六年（一五八八）生まれと推定される。そうであれば範英の姉にあたり、範以が一九歳頃の誕生、範英よりも六歳年長になる。少し範英との年齢差が大きいので、二歳ほど下げると、範以が二一歳の時の天正十八年生まれ、範英より四歳年長、ということになる。ここらあたりが妥当のようにも思う。子には、義冬・岡山弥清《おかやまみつきよ》・松平忠三郎忠良妻があったとされる。万治《まんじ》二年（一六五九）六月四日死去、法名養寿院殿慈峯貞春大姉にあたるとみなされている（進士慶幹・村磯栄俊「高家としての今川氏」『今川氏と観泉寺』所収）。

もう一人は、元戦国大名家の豊後《ぶんご》大友《おおども》家の子孫にあたる大友義親《よしちか》（一五九四～一六一九）の妻である。大友家は、義親の父義乗《よしのり》（一五七七～一六一二）が、慶長五年（一六〇〇）の関ヶ原合戦後に家康に仕えて、三三〇〇石の知行を与えられていたが、慶長十七年に死去したため、義親が家督を継いだ。どうして範以娘が大友義親と結婚したのか、その経緯はわからない。また結婚時期も判明しない。両者のあいだに子どもも生まれていないらしい。

義親の年齢を考慮すると、範以の娘としては、義親妻のほうが妹にあたっていた可能性が高いとみられる。範英との長幼関係はわからないが、範英の姉にあたる可能性は十分に想定される。その場合には、文禄元年（一五九二）生まれの可能性を想定できる。そして一八歳で結婚したとすると、結婚は慶長十四年頃のことと推測でき、その場合は、家康による取り成しとみなされるであろう。それでも結婚の経緯はわからない。

元和五年（一六一九）に義親は二六歳で死去したため、範以娘は寡婦になり、祖父にあたる氏真、母の利性院殿が葬られた観泉寺に大いに寄進し、中興開基《かいき》としてあつかわれるようになっている。万治元年（一六五八）閏《うるう》十二月三日死去、法名を観泉寺殿廉室慶公大姉にあたるとみなされている。なお万昌院《ばんしょういん》では、範英の姉と伝えており、それが事実であった可能性は高いとみられる。

氏真一族の秀忠への出仕

氏真の嫡男範以は、終生、他家に出仕することのないまま、死去してしまった。しかし氏真の一族が、まったく徳川家に出仕しなかったのではなかった。すでに範以の生前に、外孫の吉良義弥と次男の品川高久が徳川秀忠に出仕している。

まず確認されるのは外孫の吉良義弥で、慶長二年（一五九七）に秀忠に出仕したとされている（『寛永諸家系図伝第二』一三頁）。義弥はわずか一二歳であった。この年齢からすると、父義定がすでに徳川家に出仕していたことは間違いなかろう。義弥はその嫡男として、徳川家の嫡男・秀忠に出仕したのだと考えられる。

とはいえこの時の徳川家は、まだ羽柴家に従う「豊臣大名」の立場でしかなかった。ところがその後の同五年の関ヶ原合戦での結果、家康は事実上の「天下人」になり、同八年に征夷大《せいいたい》将軍《しょうぐん》に任官したことで、名実ともに徳川家を主宰者とする新たな武家政権としての徳川政権、すなわち江戸幕府を確立させた。さらに同十年には、家康は将軍職と徳川家家督を嫡男秀忠に譲った。その後も家康は、徳川家の家長として、また「天下人」として存在したが、徳川家当主は秀忠となった。

義弥はそのもとで、同十三年に従五位下《じゅごいげ》・侍従に任じられている。この官位は、当時においては国持クラスの有力大名が任じられるものであった。義弥の所領はいうまでもなく、それには遥かにおよばない。またその官位は、天皇居所に昇殿できる「公家」の身分を意味した。ここで義弥が侍従に任官されているのは、昇殿する必要があったからであり、それは朝廷への使者を務めたり、徳川家における式典作法などを管掌する役割を担うためであった。こうした地位は、のちに「高家《こうけ》」と称された。義弥はこうして幕府の「高家」に就任したのであった。

義弥が「高家」に任じられたのは、足利氏一族のなかで最高位の名門家である吉良家の嫡流家、西条吉良家の当主だったからであろう。室町時代の室町幕府の礼法などを継承していた存在のため、江戸幕府の式典作法を確立していくにあたって、その知識が必要だったのである。

吉良義弥に続いて、慶長三年に次男の品川高久が秀忠に出仕したことが伝えられている（同前一九頁）。高久は一三歳であった。これは氏真の申請によるものという。氏真としては、嫡男範以に出仕の意志がないため、さしあたって次男高久を出仕させることで、今川家の家系の存続を図ったのかもしれない。またこの時には、秀忠の上﨟であった貞春尼の取り成しもあったかもしれない。この時に高久は、秀忠から「物加波《ものかは》」と名付けられていた馬を賜ったという（『寛政重修諸家譜第二』二二九頁）。また秀忠から、今川苗字は嫡流のみが称すものなので、在名の品川を苗字とすべきことを命じられたという（「今川一苗之記」『今川氏と観泉寺』四二頁）。この時に武蔵品川（品川区）に所領を与えられたか、屋敷を与えられたのであろう。仮名を新六郎と称したという。

関ヶ原合戦後の慶長六年に、上野《こうずけ》碓氷《うすい》郡で所領一〇〇〇石を与えられたという。妻は鷲尾《わしお》筑《ちく》後《ご》の娘（明珠院殿《みょうじゅいんでん》、寛永十七年四月十五日死去）であったらしく、そのあいだに、慶長十七年に嫡男高如《たかゆき》（一六一二～七一）、次男高寛（一六一六～九七）が生まれている。他に二女（八木九郎右衛門妻・岡山弥清妻）があったとされる。高久は寛永十六年（一六三九）八月四日に六四歳で死去した。法名は松月院殿瑞雲文青大居士。死去まで仮名のままであったらしいので、徳川家家臣としての家格は高くはなかったことがうかがわれる。しかしその子高如の時、正保《しょうほう》元年（一六四四）に「高家」に任じられている。品川家は、今川家の庶流にあたることから、幕府の式典作法を管轄するに相応しい家系と認識されてのことであったとみられる。

そして範以の嫡男で、氏真には嫡孫にあたる範英（直房）も、父範以死去から四年後の慶長十六年十二月に、秀忠に出仕したという。範英は一八歳であった。元服《げんぷく》を踏まえて、氏真が申請してのことであったと思われる。またその際には、貞春尼の取り成しもあったことであろう。こうして今川家の嫡流家は、徳川家家臣の立場をようやくに確立させるのであった。範英は、仮名は今川家当主歴代の「五郎」を称し、のちに官途名主膳正《しゆぜんのかみ》、次いで刑部大輔《ぎようぶのたいふ》を称した。祖父にあたる氏真の死後に、その遺領五〇〇石を継承したという（前掲『寛政重修諸家譜』二二七頁）。

そして寛永十三年十二月に従五位下・侍従に叙任され、「高家」に任じられた。ここに今川家嫡流家も、「高家」とされたのである。以後の今川家は、その家格を維持していくのであった。範英は、正保二年に武蔵多摩郡・豊島《とし ま》郡で新たに所領五〇〇石を与えられて、あわせて一〇〇〇石を領した。そして寛文《かんぶん》元年（一六六一）十一月二十四日に六八歳で死去した。法名は浄岑院殿松山青公大居士。妻は筑後柳川領一〇万石の立花宗茂の養女（立花家家臣矢島重成の娘）で、延宝《えんぽう》六年（一六七八）八月六日の死去、法名は浄徳院殿安室凉禅大姉。

二人のあいだには、嫡男範明（左京・松林院殿、慶安《けいあん》元年閏正月四日死去）と次男範興（五郎・幻桂童子か、慶安二年六月十六日死去）があったが、いずれも早世したため、範英には外甥にあたる岡山弥清の長男・氏堯《うじなり》（母は品川高久の娘、一六四二～七三）が養子に入って、継承している。なおその後、今川家の家督は、三度にわたって分家の品川家から養子が入って継承されている。今川家嫡流家は、氏真の血統によって、幕末まで受け継がれていった。範英以降の今川家の動向については、『今川氏と観泉寺』に詳しく取り上げられている。

氏真夫妻の駿府・江戸下向

氏真の京都での活動が確認されるのは、慶長十七年（一六一二）正月二十四日、冷泉為満邸での和歌会に参加したものになる。前年十二月に、嫡孫範英が徳川秀忠への出仕を遂げているから、その直後にあたる。そして氏真はその後、江戸に赴くことになる。範英の出仕が遂げられたことをうけて、京都を離れて、範英のもとで生活することを決したのであろう。

同年四月、氏真は駿府に赴いて、家康に対面している。「駿府記」同年四月十四日条には、「今川入道宗誾〈俗名氏真〉京都より来府、則《すなわ》ち御前に出でて、御物語と云々」と記されている（『史籍雑纂第二』二三二頁）。氏真は駿府城に到着するとすぐに、家康のもとに出仕して、会談したことが知られる。氏真はこの時、もう七五歳になっていた。対して家康も、七一歳になっていた。そしてこれが、氏真の具体的な動向として確認される最後のものになっている。その後に、氏真は江戸に向かったとみなされる。

家康は、慶長十一年まで伏見《ふしみ》城で天下統治をおこなっていたが、同年九月に江戸城に移り、さらに同十二年に新たな天下統治のための本拠として駿府城を構築し、そこに移住していた。

その間に京都に上洛したのは、同十六年三月から四月、後水尾《ごみずのお》天皇の即位式と羽柴秀頼との対面のためであった。もしかしたらその時に、氏真は数年ぶりに家康に対面し、そこで嫡孫範英の徳川家への出仕を申請したのかもしれない。またそれをうけて、家康は氏真に、江戸への移住をすすめた、ということも考えられるかもしれない。

氏真はおそらく、京都でしばしば家康・秀忠に対面できたであろうから、家康が伏見城に在城していた時までは、それなりに対面していたであろう。しかし家康が駿府城に移ってからは、それは叶わなくなっていた。そうであれば慶長十六年の家康の上洛の時に、五年ぶりの対面がおこなわれたことであろう。そうするとこの時の対面は、一年ぶりのことであったかもしれない。

その後、氏真が家康と対面したことを記す記録はみられていない。「駿府記」にもこの時のことしか記されていない。しかし同史料は、駿府での家康の動向のすべてを記しているわけではない。氏真が駿府に赴いてきて、家康に対面したことはあったかもしれない。また家康は、慶長十八年九月から同十九年正月まで、江戸城に滞在している。そのあいだに江戸に居住していた氏真と対面がなかったとはいえないであろう。

家康と氏真は、それぞれ駿府と江戸に居住するようになったことで、かつて家康が京都に居住していた時のように面談する機会は、少なくなっていたであろう。しかし家康と氏真は、最後まで交流を続けたことと思われる。

今川貞春の死去

氏真が江戸に移住してから四ヶ月後の慶長十七年（一六一二）八月十九日に、妹の貞春尼が死去した。法名は嶺寒院殿松誉貞春禅定尼（「北条家過去名簿」）、あるいは嶺松院殿栄誉貞春大姉（万昌院過去帳）といった。七一歳くらいであったと推定される。もしかしたら氏真の江戸への移住は、貞春尼の病状が悪化したなどの連絡があったためかもしれない。妹の最期を看取るため、江戸に下ってきたということも考えられる。

貞春尼は、最後まで、秀忠の上臈として存在していたとみなされる。秀忠が誕生して以来、三三年におよんで秀忠に奉公してきた。しかもそれは単なる奉公ではなく、女性家老として、また後見役として、秀忠を支えてきたのであった。そうして徳川家の奥向きにおいて重要な役割を担ってきたのであった。これは今川家の一員が、徳川家を支えていたことを意味する。この貞春尼の存在によって、徳川家と今川家はしっかりと結び付いていたのであった。この意味において、駿河没落後の今川家において、彼女こそが最も活躍した人物であったといっても過言ではなかろう。

氏真は、彼女の最期を看取ったことであろう。そこでは、氏真妻の早川殿をはじめ、嫡孫範英、次男高久、娘婿の吉良義定とその家族たちも集《つど》ったことであろう。彼女がいたからこそ、ここにいたるまで氏真とその家族は存続できたとみることができる。いわば彼女は、その後の今川家の存続をもたらした、最大の功労者であったといいうるであろう。

氏真夫妻の死去

それから半年後の慶長十八年(一六一三)二月十五日に、妻の早川殿が死去した。法名は蔵《ぞう》春院殿《しゅんいんでん》天安理性禅定尼といった(「北条家過去名簿」)。六七歳くらいであったと推定される。

早川殿は、戦国大名北条家の娘として、今川家の嫡男であった氏真と結婚した。氏真が当主になったのちは、その「御前様」となり、さらに氏真祖母の寿桂尼《じゅけいに》が今川家の「家」妻から引退したのちは、若いながらも今川家の「家」妻の立場を引き継いで、今川家の家政運営を担ったとみなされた。

しかし氏真が、武田《たけだ》信玄《しんげん》の侵攻によって駿府、さらには領国から没落したのちは、実家の北条家の庇護をうけた。北条家の支援により、氏真が駿河国主に復帰することを願っていたであろう。しかし北条家が武田家と同盟したことで、北条家のもとにあっては氏真の駿河復帰は実現できなくなった。そのため氏真とともに、家康を頼ることにし、実家から脱出して、家康のもとに移住した。早川殿は、実家から庇護をうけていたのであるから、彼女自身だけであったら、そのまま実家にとどまることも可能であったろう。しかし早川殿は、氏真とともに、今川家の政治復活の実現を優先し、実家から離れたのであった。

その後に家康と北条家は同盟するので、それからは実家との連絡も可能になったことであろう。その事実を知ることはできないが、母の瑞渓院殿《ずいけいいんでん》や兄の北条氏政から、それなりの援助などをうけたことと思われる。しかし小田原合戦の結果、母も兄も死去し、実家の北条家は滅亡してしまった。これにより彼女は、実家を失った存在になった。しかもその後、氏真は家康から所領を与えられながらも、京都で生活した。早川殿はその生活にどのように対応したことであろうか。氏真ともども、慣れない京都での暮らしであったに違いない。

氏真と結婚してから、五九年が経っていた。彼女の具体的な動向については、ほんのわずかのことが知られるにすぎない。しかしその生涯の概略をたどるだけでも、その波乱さを十分に認識することができる。今後において彼女の動向について、一つでも明らかになることを期待したい。

それから九ヶ月後の十一月三日、末子であった可能性が高い、四男西尾安信が死去している。法名は鑑清院殿休円叟罷大禅定門（万昌院過去帳）。氏真にとって、相次ぐ身内の死去であった。氏真の子どものうちで生存したのは、次男高久・三男澄存の二人だけになった。

そしてついに、その翌年の慶長十九年十二月二十八日に、氏真が七七歳で死去した。法名は仙岩院殿豊山泰英大居士（観泉寺過去帳）。氏真たち家族について、高野山での菩提の弔いは、すべて三男澄存によって取り図らわれている（「北条家過去名簿」）。戦国大名家として名門の今川家の当主を担った人物の最期であった。

氏真が戦国大名家当主の地位から脱落してから、すでに四五年が経っていた。人生の半分以上を、元戦国大名家当主として生きてきたことになる。今川家を事実上、滅亡させた時には、世間からそれこそ「敗軍の将」に相応しく、手厳しく非難されていた。氏真もそのことを十分に認識していたに違いない。しかし氏真は、ある意味それを乗り越えて、その後の人生を歩んできたことであろう。氏真が自身の後半生をどのように認識していたのかは、とても興味深い。おそらくは様々なことを想っていたであろう。しかしそれを知ることはできない。

氏真は、死去に臨んで辞世の和歌を残したという。しかしそれは伝わっていない。それに関しては、沢庵宗彭《たくあんそうほう》（一五七三～一六四五）が記していることが知られるにすぎない（「明暗雙々集」『今川氏と観泉寺』六八九頁）。

駿州今川宗誾《そうぎん》居士、慶長十九臘月《ろうげつ》（十二月）廿《にじゅう》（二十）八日逝矣、末後和歌一首を賦《ふ》す、予覚《よかく》の字を和し以《もっ》てこれを悼す、

今川家高富士嶽　炎天五月雪猶駁　野馬陽艶卒風前　人間八十夢忽覚

氏真の辞世の和歌には、「覚」の字が含まれていたことが知られる。沢庵宗彭はそれに因《ちな》んで、漢詩を詠んでいるが、「覚」は「さめる」の意味にあったことがうかがわれる。氏真が生前に、沢庵と交流があったのかは確認されないが、氏真は二〇年におよんで京都で生活していたことからすると、交流があっても不思議ではなかろう。だからこそ沢庵は、氏真を追悼する漢詩を詠んだのであろう。この沢庵の追悼詩の内容をどのように理解するか。それは晩年の氏真に対して、周囲の人々がどのように認識していたのかを知ることにつながるであろう。

氏真が死去した時、家康は大坂冬の陣のため、大坂に在陣していた。氏真の死去を聞いてどのように感じたことだろうか。家康にとって氏真は、自身が八、九歳の時から、六五、六年という長きにわたって、すなわち生涯のなかで最も長い付き合いのあった戦国大名であった。互いにここまでよく長生きした、とでも思ったであろうか。そうしてその家康も、その二年後の元和二年(一六一六)四月十七日に、七五歳で死去する。家康と氏真は、ほとんど同時代を生き、かつ密接な交流にあった戦国大名として、互いに唯一の存在にあった。そうした二人は、相次いで死去したのであった。

終章

家康にとっての今川家

本書を終えるにあたって、あらためて徳川家康にとって今川家の存在はどのような意味を持ったのか、述べることにしたい。

そもそも家康は、岡崎松平家の当主として、戦国大名・国衆《くにしゅう》という領域国家の主宰者として必要な、武将として、また政治家としての教養を修得したのは、今川家のもとでのことであった。天文《てんぶん》十八年（一五四九）、もしくは同十九年に、八歳か九歳の時から、今川家の本拠であった駿府《すんぷ》に居住した。それらの教養は、そこで修得したのであった。それはいわば、今川家によって育成されたことを意味しよう。

そして今川家の嫡男として存在したのが、今川氏真であった。家康よりも四歳年長であった。

家康は、今川家御一家衆・関口氏純《せきぐちうじすみ》の婿になって、今川家の親類衆として存在した。したがって氏真は、その宗家《そうけ》にあたる存在であったといいうる。弘治《こうじ》三年（一五五七）に氏真が今川家当主になると、家康はそれに従う関係にあった。そして宗家とその親類衆ということから、親密な関係を形成したことであろう。

当時の今川家は、駿河《するが》・遠江《とおとうみ》・三河《みかわ》三ヶ国を領国とした、海道筋随一の大規模戦国大名であった。しかも室町幕府を主宰する足利《あしかが》将軍家の御一家として、高い政治的地位とそれに相応する文化・教養をもとに、近隣の甲斐《かい》武田家・相模北条《さがみほうじょう》家よりも優越する地位にあった。周辺の戦国大名家をリードする、いわば戦国大名家のトップランナーともいうべき存在であった。家康はそのもとにあって、少年期から青年期を過ごしたのであり、今川家からうけた影響は、計り知れないものがあったことは間違いない。家康にとって、今川家こそが、戦国大名家としての手本に他ならなかったであろう。

永禄《えいろく》三年（一五六〇）の尾張桶狭間《おわりおけはざま》合戦で、今川義元《よしもと》が戦死したことで、三河・尾張情勢は急変し、それに応じて家康は、尾張織田信長と同盟したうえで、今川家に敵対する。そこから家康は、足かけ九年におよんで氏真と軍事抗争を展開した。しかし家康が果たしえたのは三河一国の統一であり、遠江経略をすすめることはできなかった。同十一年に、氏真と武田信玄《しんげん》の関係悪化により、家康は織田信長を通じて信玄と同盟を結び、氏真に対して協同の軍事行動を展開し、遠江経略をすすめた。

氏真は武田軍によって駿河から退去を余儀なくされ、遠江懸川《かけがわ》城に籠城《ろうじょう》した。家康はそれを攻撃するが、すぐに氏真とそれを支援する北条氏政《うじまさ》とのあいだで和睦を結び、その際に氏真・氏政と入魂《じっこん》にするという誓約まで結んだ。家康が懸川城の攻略に拘《こだわ》らなかったのは、氏真とのかつての交流から生まれた、気心のようなものがあったように思う。

これにより家康は遠江一国の経略を遂《と》げ、遠江・三河二ヶ国の戦国大名になった。本書では、家康による領国統治の具体像については、全く触れることができていないが、家康の遠江・三河統治のあり方は、支城制の採用といい、在地支配の仕組みといい、今川家のそれを踏襲するものであった。家康にとって今川家は、やはり戦国大名としての手本であったといいうる。

懸川城から退去した氏真は、駿河大平《おおひら》城、次いで相模小田原に居住し、北条家の庇護をうけながら、武田家を撤退させて駿河に復帰することを図った。しかし元亀《げんき》二年（一五七一）、妻早川殿《はやかわどの》の父・北条氏康《うじやす》の死去を契機に、北条氏政は武田信玄と再同盟した。これにより氏真は、北条家のもとで駿河復帰を果たすことはできなくなった。家康はその翌年から、武田信玄から領国への侵攻をうけ、領国の半分以上を経略されてしまう。

しかし天正《てんしょう》元年（一五七三）四月に、武田信玄が死去したことで情勢は好転する。家康は反撃し、領国の回復活動を開始した。これをみた氏真は、駿河復帰の夢を家康に託すことにし、北条家のもとを離れて、家康を頼り、遠江浜松城に移住した。家康は当時、織田信長に従属する関係にあったから、それは信長の承認を必要とした。氏真は信長とは、それまで敵対関係にしかなく、しかも氏真にとって信長は父義元の怨敵《おんてき》にあたっていた。そのため氏真は、出家して信長に対して降参の作法をとって、敵意はないことを明示したうえで、家康の庇護をうけた。

家康が、さらに信長が、氏真を庇護することを承知したのは、武田家との抗争にあたり、元駿河国主の氏真を擁することで、武田家に対し駿河支配の正当性を獲得できるからであった。氏真は、信長・家康から、駿河経略のうえは同国を与えられることを約束されたとみなされ、その後は駿河国主予定者として、国主相当の政治的立場を復活させている。天正四年には駿河への最前線拠点であった牧野城の城主に任じられた。これは氏真が駿河経略の先鋒を務める姿勢を表明したものであった。ところが実際には、氏真は牧野城にはあまり在城せず、基本は浜松城に在所した。理由は判明していないが、家康から何らかの役割を求められていたためと考えられるように思う。戦国大名家としての教養の指南にあたっていたのではなかったか。

天正七年に家康の三男で、のちに嫡男にされる秀忠《ひでただ》が誕生すると、その「御介錯上臈《ごかいしやくじようろう》」、すなわち後見役の女性家老に、氏真妹の貞春尼《ていしゆんに》が任じられ、また後見役の乳母《うば》に今川家旧臣の娘「大姥局《おおうばのつぼね》」が任じられた。これは秀忠の養育が、今川家の関係者によっておこなわれたことを意味する。それにともなって徳川家の奥向きの構造も、今川家の作法で確立されていったことであろう。さらに同年に家康が北条家と同盟を形成するにあたっては、氏真家臣がその使者を務めた。氏真は北条家と旧知の間柄にあったため、北条家との関係を取り持つ役割を果たしたのである。そして家康にとって、北条家との同盟は、武田家との抗争において攻勢にでていく契機をなし、駿河への侵攻を開始するのであった。

ここまで氏真は、家康の領国統治や奥向き構造、さらには外交関係にも大いに助力していたとみることができる。かつての経験や教養が、十分に家康に寄与し、それを支えていたといえよう。しかし同十年に信長により武田家が滅亡し、駿河が家康に与えられて以降、氏真の動向はあまり確認されなくなる。家康は信長に、かねての約束から氏真に駿河半国を与えられるよう申請したらしいが、信長からは却下された。これにより氏真の駿河復帰の夢は完全に絶たれることになる。以後は家康のもとで、その家臣として生涯を過ごすほかはなくなった。それでも氏真の存在は、高い教養と政治的地位から、対外関係において貢献したことであろう。

家康は駿河を領国化すると、本拠を駿府に移した。これは当時の領国全体を統治するうえでの利便性によるであろうが、その一方で海道筋三ヶ国を領国とするようになり、いわば今川家に取って代わった存在になったことで、かつての今川家の本拠であった駿府こそが、その本拠に相応《ふさわ》しいという観念もあったことであろう。少年期から青年期に、今川家の最盛期を駿府で過ごしたかたちになる家康にとって、駿府こそが、理想の本拠という認識があったかもしれない。

　しかし同十八年に北条家滅亡をうけて、家康の領国が関東に転封《てんぽう》されたのを機に、氏真は家康の側から離れて、京都で生活することになった。家康からは所領を与えられていたらしいから、家康から離れたわけではなかった。しかも翌年から、家康は、当時の政権の羽柴（豊臣）政権に従う「豊臣大名」として、嫡男秀忠ともども京都・大坂での居住を基本にした。これによりむしろ、家康は、日常的に氏真との交流を維持したとみることもできるであろう。そして何よりも秀忠の上臈として貞春尼が存在し続けていた。徳川家と今川家は、日常的に繋《つな》がっていたのである。

　氏真の京都での生活の全容は判明しない。それでも家康とは、引き続いて交流していたことであろう。家康は慶長《けいちょう》十一年に江戸に下向《げこう》し、同十二年に駿府城を本拠にしてから、ほぼ上洛しなくなる。家康が再び自身の本拠に駿府を選んだのは、やはり同地に対する愛着によるように思う。しかしこれによって家康と氏真は、しばらく面談できない状態になった。慶長十七年四月に、氏真はついに徳川家の本拠・江戸に移住する。その途中で駿府を訪れると、ただちに家康は氏真と面談におよんでいる。家康にとって、氏真がいかに特別の存在であったかが、端的に示されている事実といえるであろう。

　その二年後に氏真は七七歳で死去し、さらにその二年後に家康が七五歳で死去する。両者の交流は、六〇年以上におよぶ長期のものであった。しかも両者は、ともに戦国大名家・国衆家当主として領域国家を主宰する国王の立場にあり、少年期からともに過ごしてきた間柄にあったことを想えば、長い人生のなかで両者の立場には変化がみられたものの、互いに戦国を生きる盟友として認識しあっていたのではないかと思わずにはいられない。

そして家康は、「天下人」として戦国争乱を終結させる存在になったが、その過程において、領国統治や奥向き構造など、今川家の教養・文化に支えられていた。このようにみてくると、家康という存在は今川家あってのものであった、といってもよいほどであろう。家康と氏真が、死去の直前まで交流を続けていたことも、そう考えると納得できるように思う。

おわりに

本書は、徳川家康と今川氏真の、六〇年以上にわたる交流の実態について、取り上げたものである。とくに今川氏真の動向については、これまでの関連書籍と比べて、もっとも詳しく取り上げたものになっていることと思う。氏真については、これまであまり知られていなかったといえるであろうが、本書によってその実像が少しでも認識できることになるであろう。

本書刊行の前月に、家康の誕生から将軍任官までの動向について、最新の研究成果をもとに、『徳川家康の最新研究』（朝日新書）をまとめた。そのなかでも、家康が氏真から離叛《りはん》し、氏真を没落させるまでの過程について取り上げてはいる。しかし分量の関係から、残されている史料を十分に利用した、詳しい叙述をおこなうことはできなかった。そもそも家康と氏真の抗争過程や、和睦交渉の過程については、これまで詳しく取り上げられたことはなかったといえ、そのためまだ十分に認識されていない事実が多く存在していた。氏真が、実は二度ないし三度にわたって三河に進軍していたことなどは、その最たるものと思われる。

さらに氏真は、その後に家康の庇護をうけるが、そこでの両者の関係についても、これまで詳しく取り上げられたことはなかった。家康にとって、氏真の存在は重要視すべきものでなかったというのが一般的な認識であったといえよう。ところが氏真の妹・貞春尼が、家康三男で嫡男にされた秀忠の女性家老にして後見役であったという、新たな事実が確認された。私がこの事実を確認したのは、昨年夏の史料調査によってであった。その時、家康と氏真の関係については、全面的に捉え直す必要があることを認識した。そうしたところに、『徳川家康の最新研究』の執筆をすすめていくことになった。そこで家康と氏真の抗争過程を検討していくなかで、あらためて両者の関係について全面的に取り上げたい、と思うようになり、同書の執筆を終えるとすぐに、本書の執筆を開始したのであった。

よく世間一般では、家康に最も影響を与えた人物は誰か、という問いかけがなされる。その際、織田信長、羽柴秀吉、あるいは武田信玄の名があげられることが多い。近時のテレビ番組や歴史雑誌でもそうした論調が強いであろう。しかし本書を書き終えてみると、それは今川氏真であった、といっても過言ではないように思える。そもそものような問いは、歴史学的には適切ではないが、それを措《お》いたとしても、家康が大規模戦国大名に成長し、その存立を遂げていくうえで、氏真からうけた影響は大きく、あるいは氏真から継承したものは極めて多かったと認識される。家康という存在の基礎、もしくは根幹には、今川家という存在があったことは間違いないといえよう。研究が進展すれば、必ず新たな認識が生まれることになる。本書もまた、その役割を担うことができていれば幸いに思う。

本書の刊行にあたっては、『お市の方の生涯』『徳川家康の最新研究』に引き続いて、朝日新聞出版書籍編集部の長田匡司さんのお世話になった。長田さんのご高配をもって、立て続けに同社から刊行させていただくことになった。あらためて御礼を申し上げます。

二〇二三年三月

黒田基樹

主要参考文献

浅倉直美「天文～永禄期の北条氏規について」（『駒沢史学』九〇号、二〇一八年）
同「北条氏政正室黄梅院殿と北条氏直」（『武田氏研究』五九号、二〇一九年）
大石泰史『今川氏滅亡〈角川選書604〉』（KADOKAWA、二〇一八年）
同「今川氏真の幼名と仮名」（『戦国史研究』二三号、一九九二年）
同編『今川氏年表　氏親 氏輝 義元 氏真』（高志書院、二〇一七年）
同編著『今川義元〈シリーズ・中世関東武士の研究27〉』（戎光祥出版、二〇一九年）
大塚勲『今川氏と遠江・駿河の中世〈岩田選書・地域の中世5〉』（岩田書院、二〇〇八年）
同『戦国大名今川氏四代』（羽衣出版、二〇一〇年）
同『今川一族の家系』（羽衣出版、二〇一七年）
岡野友彦『源氏長者』（吉川弘文館、二〇一八年）
小川雄・柴裕之編著『図説 徳川家康と家臣団』（戎光祥出版、二〇二二年）
小和田哲男『駿河今川氏十代〈中世武士選書25〉』（戎光祥出版、二〇一五年）
糟谷幸裕「今川家臣三浦右衛門大夫について」（『戦国史研究』四二号、二〇〇一年）
同「今川領国下の遠州鵜津山城」（『戦国史研究』四六号、二〇〇三年）

同「今川氏の永禄六年」（『戦国史研究』六〇号、二〇一〇年）
同「『境目』の地域権力と戦国大名」（渡辺尚志編『移行期の東海地域史』勉誠出版、二〇一六年）
同「今川家臣三浦右衛門大夫について・再論」（『戦国史研究』七二号、二〇一六年）
金子拓『長篠の戦い〈シリーズ実像に迫る21〉』（戎光祥出版、二〇二〇年）
観泉寺史編纂刊行委員会編『今川氏と観泉寺』（吉川弘文館、一九七四年）
木下聡『斎藤氏四代〈ミネルヴァ日本評伝選205〉』（ミネルヴァ書房、二〇二〇年）
久保田昌希『戦国大名今川氏と領国支配』（吉川弘文館、二〇〇五年）
久保田昌希・加藤哲「確認された王禅寺所蔵『北条氏照・氏規連署書状』について」（『川崎市文化財調査集録』五五集、二〇二一年）
栗原修「上杉氏の外交と奏者」（『戦国史研究』三二号、一九九六年）
黒田基樹『関東戦国史〈角川ソフィア文庫〉』（KADOKAWA、二〇一七年）
同『北条氏康の妻　瑞渓院〈中世から近世へ〉』（平凡社、二〇一七年）
同『井伊直虎の真実〈角川選書586〉』（KADOKAWA、二〇一七年）
同『北条氏政〈ミネルヴァ日本評伝選179〉』（ミネルヴァ書房、二〇一八年）
同『戦国北条家一族事典』（戎光祥出版、二〇一八年）
同『戦国大名・北条氏直〈角川選書645〉』（KADOKAWA、二〇二〇年）
同『今川のおんな家長　寿桂尼〈中世から近世へ〉』（平凡社、二〇二一年）
同『戦国関東覇権史〈角川ソフィア文庫〉』（KADOKAWA、二〇二一年）
同『戦国「おんな家長」の群像』（笠間書院、二〇二一年）

同『武田信玄の妻、三条殿』（東京堂出版、二〇二二年）
同『家康の正妻　築山殿』〈平凡社新書1014〉』（平凡社、二〇二二年）
同編著『今川義元とその時代〈戦国大名の新研究1〉』（戎光祥出版、二〇一九年）
黒田基樹・浅倉直美編『北条氏康の子供たち』（宮帯出版社、二〇一五年）
小林輝久彦「今川氏女嶺松院について」（『静岡県地域史研究会会報』二一〇号、二〇一七年）
同「『駿遠軍中衆矢文写』についての一考察」（『静岡県地域史研究』一一号、二〇二一年）
小山順子「今川氏真と和歌」（『女子大國文』一六八号、二〇二一年）
酒入陽子「懸川開城後の今川氏真について」（『戦国史研究』三九号、二〇〇〇年）
同「今川氏真子息、澄存について」（小和田哲男先生古稀記念論集刊行会編『戦国武将と城』サンライズ出版、二〇一四年）
柴裕之『徳川家康〈中世から近世へ〉』（平凡社、二〇一七年）
同『織田信長〈中世から近世へ〉』（平凡社、二〇二〇年）
同『青年家康〈角川選書662〉』（KADOKAWA、二〇二二年）
同編著『徳川家康〈シリーズ・織豊大名の研究10〉』（戎光祥出版、二〇二二年）
鈴木将典『国衆の戦国史〈歴史新書y70〉』（洋泉社、二〇一七年）
同「遠江松井氏の基礎的研究」（久保田昌希編『戦国・織豊期と地方史研究』岩田書院、二〇二〇年）
戦国史研究会編『論集　戦国大名今川氏』（岩田書院、二〇二〇年）
東京学芸大学近世史研究会編『高家今川氏の知行所支配』（名著出版、二〇〇二年）
長倉知恵雄『戦国大名駿河今川氏の研究』（東京堂出版、一九九五年）

中村孝也『家康伝』（講談社、一九六五年）
同『新訂 徳川家康文書の研究 上巻』（日本学術振興会、一九八〇年）
長谷川幸一「今川氏真の『宗誾』署名初見史料」（『戦国史研究』六〇号、二〇一〇年）
長谷川弘道「今川氏真の家督継承について」（『戦国史研究』二三号、一九九二年）
同「永禄末年における駿・越交渉について」（『武田氏研究』一〇号、一九九三年）
同「今川氏真没落期の家族について」（『戦国史研究』二七号、一九九四年）
同「駿越交渉補遺」（『戦国遺文 今川氏編』二巻、二〇一一年）
平野明夫『徳川権力の形成と発展』（岩田書院、二〇〇六年）
平山優『長篠合戦と武田勝頼〈敗者の日本史9〉』（吉川弘文館、二〇一四年）
同『武田氏滅亡〈角川選書580〉』（KADOKAWA、二〇一七年）
同『新説 家康と三方原合戦〈NHK出版新書688〉』（NHK出版、二〇二二年）
同『徳川家康と武田信玄〈角川選書664〉』（KADOKAWA、二〇二二年）
福田千鶴『徳川秀忠』（新人物往来社、二〇一一年）
同『大奥を創った女たち〈歴史文化ライブラリー549〉』（吉川弘文館、二〇二二年）
本多隆成『定本 徳川家康』（吉川弘文館、二〇一〇年）
同『徳川家康と武田氏〈歴史文化ライブラリー482〉』（吉川弘文館、二〇一九年）
同『徳川家康の決断〈中公新書2723〉』（中央公論新社、二〇二二年）
前田利久「武田信玄の駿河侵攻と諸城」（『地方史静岡』二二号、一九九四年）
同「後北条氏庇護下の今川氏真について」（『地方史静岡』二九号、二〇〇一年）

同「今川家旧臣の再仕官」（静岡県地域史研究会編『戦国期静岡の研究』清文堂出版、二〇〇一年）
丸島和洋『武田勝頼〈中世から近世へ〉』（平凡社、二〇一七年）
同『東日本の動乱と戦国大名の発展〈列島の戦国史5〉』（吉川弘文館、二〇二一年）
同「北条・徳川間外交の意思伝達構造」（『国文学研究資料館紀要アーカイブズ研究篇』一一号、二〇一五年）
同「武田信玄の駿河侵攻と対織田・徳川氏外交」（『武田氏研究』六五号、二〇二二年）

黒田基樹（くろだ・もとき）
1965年東京都生まれ。早稲田大学教育学部社会科地理歴史専修卒業。博士（日本史学）。専門は日本中世史。駿河台大学教授。著書に『お市の方の生涯』『徳川家康の最新研究』（ともに朝日新書）、『百姓から見た戦国大名』（ちくま新書）、『戦国大名』『戦国北条家の判子行政』『国衆』『家康の正妻　築山殿』（ともに平凡社新書）、『関東戦国史』（角川ソフィア文庫）、『羽柴家崩壊』『今川のおんな家長 寿桂尼』（ともに平凡社）、『戦国大名・伊勢宗瑞』『戦国大名・北条氏直』（ともに角川選書）、『下剋上』（講談社現代新書）、『武田信玄の妻、三条殿』（東京堂出版）など多数。

朝日選書 1033

徳川家康《とくがわいえやす》と今川氏真《いまがわうじざね》

2023年4月25日　第1刷発行
2023年8月20日　第2刷発行

著者　黒田基樹

発行者　宇都宮健太朗

発行所　朝日新聞出版
〒104-8011　東京都中央区築地 5-3-2
電話　03-5541-8832（編集）
03-5540-7793（販売）

印刷所　大日本印刷株式会社

Published in Japan by Asahi Shimbun Publications Inc.
ISBN978-4-02-263124-4
定価はカバーに表示してあります。

落丁・乱丁の場合は弊社業務部（電話 03-5540-7800）へご連絡ください。
送料弊社負担にてお取り替えいたします。